세상에 대하여
우리가
더잘 알아야 할
교양

56

지은이 소개

지은이 **김성호**

금융 기관에서 파생 상품 딜러로 근무하다 책을 쓰는 일이 적성에 맞다고 생각해 10년 동안 아동과 청소년을 대상으로 한 책을 쓰고 있습니다. 저서로는, 《검은 눈물, 석유》《두 얼굴의 에너지, 원자력》《짜릿하고도 씁쓸한 올림픽 이야기》《도스토예프스키 아저씨네 게스트하우스》 등이 있습니다.

세 상에 대하여 우리가 더 잘 알아야 할 교양

김성호 지음

56

소년법

폐지해야 할까?

내인생의책

차례

※ 본문에 언급된 나이는 모두 '만 나이'입니다. 일일이 '만'을 연령 앞에 붙이지 않았습니다.
※ 본문의 **굵은 글씨**로 표시된 단어는 99~100페이지 용어 설명에서 찾아보세요.

들어가며 : 솜방망이 처벌 아닌가?

2017년 9월 1일 밤, 부산 사상구의 한 도로에서 여중생 한 명이 어둠 속에 쓰러져 있었습니다. 여중생은 네 명으로부터 1시간 30분 동안 집단 폭행을 당했습니다. 얼굴은 땅벌에 쏘인 듯 퉁퉁 부었고 몸은 피로 목욕한 듯 끔찍했습니다. 마침 지나가던 열네 살 학생이 발견해 경찰에 신고했습니다. 다음 날, 이 여학생의 처참한 모습이 담긴 사진이 SNS에 올라왔고 사람들은 "대체 누가 이런 끔찍한 짓을 저질렀을까?"라며 혀를 내둘렀습니다.

이튿날, 진상이 밝혀졌을 때 국민들은 두 가지 사실에 크게 놀랐습니다. 하나는 범인들이 피해자 또래의 10대 여학생이라는 점이고, 다른 하나는 그런 흉악한 짓을 저지르고도 그들이 받게 될 처벌이 터무니없이 가볍다는 점이었습니다. 심지어 한 명은 감옥에 가지 않아도 되었습니다. 바로 소년법 때문이었습니다. 그 운 좋은(?) 여학생은 만 13세였거든요.

대한민국 소년법에 따르면, 만 14세 미만은 형사처벌 대상이 아닙니다. 기껏해야 2년간 소년원에 보내는 것이 할 수 있는 최대의 처벌입니다. '아무리 청소년이라고 해도 너무 솜방망이 처벌 아닌가' 하고 사람들은 자기 일처럼 몹시 분하게 여겼습니다. 국민들이 그런 반응을 보인 데는 이유가 있었습니다.

불붙은 소년법 반대 운동

그보다 6개월 전인 3월, 인천에서 10대 여학생 두 명이 초등학생을 살해하고 시신을 훼손해 세상을 경악하게 했습니다. 그 충격이 채 가시기도 전에 부산 여중생 사건이 발생하면서 청소년 범죄의 심각성이 단숨에 사회적 이슈로 떠올랐습니다. 그리고 이후 보름 안에 강릉과 천안에서도 10대들의 집단 폭행 사건이 차례차례 언론에 보도되었습니다. 강릉에서는 가해자들이 폭행 상황을 SNS로 실시간 중계하는 치기(어리고 유치한 기분이나 감정)를 보이기도 했습니다.

봇물 터지듯 10대들의 흉악 범죄가 잇따르자 "소년법을 폐지하라!", "소년법 폐지가 힘들면 처벌이 가능한 연령대라도 낮추라!"며 민심은 온라인과 오프라인을 가리지 않고 들끓었습니다.

원래 소년법은 처벌보다는 **교화**에 목적을 둔 법입니다. 범죄를 저지르고 교도소에 수감된 사람은 다시 사회에 적응하기가 매우 어렵습니다. 전과자라는 꼬리표가 평생 따라다니기 때문입니다. 아직 앞길이 구만리인 청소년들에게 죄에 비해 가벼운 처벌을 내려 한 번 더 기회를 주자는 것이 소년법의 취지입니다. 하지만 이를 악용한 영악한 청소년들이 급증하면서 소년법의 본래 취지가 퇴색되고 있습니다.

오늘날 10대들의 범죄는 매장에서 물건을 몰래 훔치거나, 영화에서 자주 나오는 '10원에 한 대' 식으로 또래의 주머니를 뒤지는 정도가 아닙니다. 잔인하고 대담할 뿐만 아니라 범죄 수법도 갈수록 지능화되어 성인 범죄 못지 않습니다. 그럼에도 여전히 소년법의 특혜를 누리고 있습니다. 부산 여중생 집단 폭행 사건이나 인천 초등학생 살인 사건처럼, 보호받아야 할 어린 학생들이 청소년 범죄의 주요 피해 대상이 되면서 청소년을 위한다는 소년법은 그 모순을 드러내고 있습니다.

소년법 폐지를 주장하는 사람들은 이구동성으로 말합니다. 세상이 변하면 법도 변해야 한다. 소년법은 시대에도 맞지 않고, 이른바 '국민정서법' 즉, 국민의 법 감정에도 반한다고 말입니다.

소년법을 둘러싼 논쟁

국민 모두가 소년법에 반대하는 것은 아닙니다. 소년법 폐지에 반대하는 사람들은 말합니다. "청소년은 아직 인격적으로 미성숙하기 때문에 실수를 할 수밖에 없다. 건전한 환경을 제공하지 못한 가정과 학교, 사회에도 책임이 있기 때문에 모든 잘못을 청소년에게 돌려서는 안 된다."

더불어 "처벌이 강력할수록 범죄율이 낮아진다는 근거도 분명치 않기 때문에 소년법을 폐지해서는 안 된다."고 주장합니다. 하지만 소년법을 둘러싼 논쟁이 한창인 와중에 실시된 국민 여론 조사에서 소년법을 폐지하거나 유지하더라도 처벌을 강화해야 한다는 의견이 압도적이었습니다.

어린이는 언제부터
보호받았을까?

어린이와 청소년이 보호와 우대를 받은 것은 인류 역사를 놓고 보면 매우 최근의 일입니다. 고대에서 중세까지 어린이들은 매우 열악한 환경에 처해 있었습니다.

어린이는

사랑스럽고 귀여우며, 청소년은 미래를 이끌어 갈 든든한 기둥입니다. 어린이와 청소년은 보호와 우대를 받아야 한다는 것은 상식처럼 여겨집니다. 하지만 실제로 어린이와 청소년이 보호와 우대를 받은 것은 인류 역사를 놓고 보면 매우 최근의 일입니다. 믿기 힘들겠지만, 300여 년 전까지만 해도, 어린이는 독립된 인격체가 아니었습니다. 대를 잇기 위한 수단, 어른들이 심심풀이로 갖고 노는 장난감, 늘 어른의 도움이 필요한 무력하고 귀찮은 존재였습니다. 아무렇지 않게 행해진 영아(갓난아이) 살해 문화가 그 증거입니다.

어린이, 귀찮고 하찮은 존재

식량이 부족하던 시절, 어린아이들은 밥만 축내는 군식구(원래 식구 외에 덧붙어서 얻어먹고 있는 식구) 같은 존재였습니다. 부모는 입을 줄이기 위해 아이들을 내다 버리거나 살해했습니다. 부모로서의 책임감이니, 도덕적 죄책감 같은 것은 없었습니다. 아이는 옷감이나 신발처럼 필요하면 언제든지 만들 수 있고, 부담스러우면 버리는 존재였습니다.

스파르타를 비롯한 고대 그리스인들은 강인한 군대를 만들기 위해 허약

▌ 〈베들레헴의 영아 살해〉, 마테오 디 지오반니 디 바르톨로, 1488년 작

한 갓난아이는 거침없이 살해했습니다. 고대 로마인들은 미숙아나 기형아가 태어나면 미련 없이 아이의 목숨을 끊었습니다. 동시대를 살았던 플라톤, 아리스토텔레스 같은 철학자들도 "갓난아이는 죽여도 상관없다. 장애가 있는 아이라면 더욱 그렇고, 태아를 죽이는 것(낙태)도 괜찮다."라며 영아 살해에 동조했습니다. 부모에게 목이 졸려 사망한 아이들의 숫자가 급증하자, 로마 교황은 아이와 같은 침대를 사용하는 부모에게 벌금까지 물릴 정도였습니다.

아동을 물건처럼 사고파는 거래도 버젓이 이루어졌습니다. 동로마 제국에서 제정된 **유스티니아 법전**은 '가난한 아버지는 자식을 출생과 동시에 팔 권리가 있다'며 아동 매매를 합법화했습니다. 도구의 진보와 농업 기술의 발달로 식량 생산이 늘어나면서 영아 살해는 차츰 감소했지만, 완전히 근절되기까지는 상당한 시간이 필요했습니다.

르네상스 시대의 위대한 철학자였던 몽테뉴와 **계몽주의** 시대의 걸출한 사상가 루소도 자신들의 아이를 고아원에 버리고도 전혀 양심의 가책을 느끼지 않았습니다. 이웃 나라 일본의 경우, 1930년대까지 마비키라 불리는 영아 살해 관습이 존재했습니다. 일본인들은 식량이 부족할 때, 갓 태어난 신생아들의 목을 졸라 살해했는데 주로 여자아이들이 그 희생양이었습니다. 마비키는 '솎아 낸다'는 뜻으로, 지금도 일본의 자장가에는 이 마비키를 상징하는 무서운 표현이 남아 있습니다. '자장, 우리 아기, 자지 않으면 강에 버린다. 자장, 잘 자거라. 자지 않으면 묻어 버린다.'

어린이는 작은 어른

그렇다면, 영아에서 더 자란 어린이와 청소년은 과거에 어떤 대우를 받았을까요? 《아동의 탄생》을 쓴 프랑스의 역사학자 필립 아리에스는 과거에는 '어린이'라는 개념이 다들 희미했다고 말합니다. 청소년이란 개념은 아예 존재하지도 않았습니다. 아이들은 단지 몸집이 좀 작은 어른 취급을 받았다는 것입니다. 옛날 유럽의 아동들은 일찍 직업을 가졌고, 또 그만큼 빨리 결혼해서 성인이 되었습니다. 이를테면, 오늘날 고등학생 정도 나이면 과거에는 어른이었던 것입니다.

현대의 어린이들은 '아동복'이라 불리는 귀엽고 앙증맞은 디자인의 옷을 입습니다. 대부분 학교에서 시간을 보내며, 동화책을 읽거나 또래들과 다양

한 놀이 문화를 즐깁니다. 한국을 포함해 대부분의 국가는 어린이들의 노동을 법으로 금지하고 있습니다. 과거의 어린이들은 그렇지 못했습니다. 옛날에는 아동도 아버지, 어머니, 삼촌과 똑같은 종류의 복장을 착용했습니다. 단지 어른들보다 사이즈가 좀 작았을 뿐입니다.

어린이들이 읽을 동화 같은 것도 없었습니다. 지금은 아름다운 동화 작품으로 손꼽히는 《백설공주》나 《그림동화》도 원래는 어린이를 위한 책이 아니었습니다. 원작은 훨씬 잔인하고, 대담한 성적 표현이 많았습니다. 훗날 어린이들이 읽기 좋게 적당히 각색한 것이죠. 구슬치기, 딱지치기, 짬뽕공 같은 아이의 놀이 문화도 거의 없었습니다. 드물게나마 있던 학교도 귀족 자제나 성직자들만 다닐 수 있었죠.

옛날 유럽에서 아동은 대략 세 살이 되면 어른들과 함께 카드놀이나 주사위 놀이를 즐겼으며, 때로는 돈을 걸고 도박까지 했습니다. 어른들 역시 자식이나 아이들 앞에서 성(性)과 관련된 야한 이야기를 하는 것을 조금도 꺼려

하지 않았습니다. 어린이와 청소년은 '덩치가 작은 어른' 취급을 받았던 것입니다. 어른 취급을 받았다는 것은 어른들과 똑같은 몫의 밥값을 해내기를 요구받았다는 뜻이기도 합니다.

대부분의 아이들은 부모 틈에 껴서 들판에서 농사를 지었고, 일부 아이들은 도시로 가서 도제 수업을 받았습니다. 도제 수업이란 산업화 이전에 말발굽이나 마차 바퀴 따위를 만드는 장인의 견습생 신분으로 들어가 기술을 배우는 것을 말합니다. 보통 다섯 살이 넘으면 집을 떠나 제자가 되었는데, 짧게는 3년, 길게는 10년 동안 장인의 집에서 머무르면서 기술을 익혔습니다.

알아두기 잔인하고 엽기적인 《백설공주》의 원본

동화 《백설공주》의 악역은 독사과로 유명한 계모 왕비다. 그런데 원본 소설의 왕비는 딸(백설공주)의 아름다움을 질투하는 친어머니이다. 또 동화에는 나오지 않지만, 왕비가 백설공주를 살해하라고 보낸 사냥꾼이 거짓말로 돼지 심장을 백설공주의 심장이라고 갖다 주자 왕비가 그 심장을 요리해 먹는 엽기적인 장면도 나온다. 동화의 결말은 백설공주가 왕자와 결혼해서 행복하게 살았다는 것이지만, 원본 소설의 결말은 백설공주가 엄마인 왕비에게 벌겋게 달군 쇠구두를 신겨서 죽을 때까지 춤을 추게 하는 것이다.

오늘날 《백설공주》와 같이 동화로 잘 알려진 것들은 본래 유럽에서 민간에 말로 전해져 내려오던, 어른들이 즐기던 이야기였다. 잔인하고 패륜적인 데다 성적으로 음란한 내용도 많아서 어린이들에게 적합하지 않았다. 20세기에 접어들면서 아동의 권리가 신장되자, 민담도 아이들의 눈높이에 맞춰 순화되고 각색되었는데 그것이 오늘날의 동화이다.

▌ 현대에 와서도 일부 국가의 아동들은 여전히 노동에서 해방되지 못하고 있다.

　대부분의 어린이와 청소년들은 글을 읽거나 쓸 줄 몰랐습니다. 18세기 산업혁명이 한창이던 시절, 어린이도 귀중한 노동력이었습니다. 1863년 영국에서 작성된 아동 노동 조사 위원회의 보고서에는 '어린이들이 공장에서 하루 평균 15시간 일을 하고 있었다.'라고 적혀 있습니다.

어린이와 청소년 우대는 최근의 일

　서구에서 어린이와 청소년이 어른과 다른 대우를 받게 된 것은 18세기 이후부터였습니다. 여기에는 기독교의 역할이 컸습니다. 기독교는 313년 로마 제국이 기독교를 공인한 후, 줄곧 유럽의 정신세계를 지배한 종교였습니다. 또 기독교는 인간의 생명은 신으로부터 부여받은 것이기 때문에 인간이 마음대로 결정할 수 없다고 가르쳤습니다. 따라서 낙태를 금지하고 아이를 살해하거나 버리는 것을 죄악으로 보았습니다.

비슷한 시기에 어린이의 지위에 대한 인식도 새롭게 바뀌었습니다. 18세기 프랑스의 사상가 루소는 어린이는 축소된 성인이 아니라 독립된 인격체이므로 어른과 다르게 대우해야 한다고 주장했습니다. 얼마 후, 프랑스에서 시민 혁명이 일어나고 1789년 8월 26일 인권 선언이 발표되었습니다. 인권 선언으로 인해 촉발된 인간의 자유와 평등에 대한 관심은 사람들의 시선을 아동의 권리로까지 넓게 했습니다.

가장 큰 변화는 교육에서 있었습니다. 19세기, 처음으로 의무 교육이 시작되면서 공장이나 들판에서 일하던 어린이와 청소년들은 학교로 보내졌습니다. 2차 세계대전이 끝난 후에는 중등 교육이 실시되었습니다. 교육의 기회가 없던 옛날, 어린이들은 직업을 얻고 결혼을 해서 성인으로 진입했지만, 공교육의 확대로 어린이들은 이제 오랫동안 학생 신분을 유지할 수 있게 되었

알아두기 **프랑스 인권 선언**

프랑스 인권 선언은 17개 조항으로 되어 있다. 그중 '인간은 자유롭고 평등한 권리를 지니고 태어나서 살아간다. 사회적 차별은 오로지 공공 이익에 근거할 때만 허용될 수 있다.'는 내용의 1조는 인간의 보편적인 자유와 평등권을 강조하고 있다. 이로 인해 수천 년을 내려오던 신분제가 허물어졌고, 성인 남성에 비해 상대적으로 차별받던 여성은 물론, 어린이의 권리에 대한 사회적 인식도 나아졌다. 이는 1989년 유엔 아동권리협약으로까지 이어지게 된다.

습니다. 그 결과 아동이 성인이 되는 시기가 늦춰지면서 성인기와 아동기 사이에 전에는 없던 틈이 생겼습니다. 이 틈(시기)에 '청소년기'라는 새로운 이름이 붙여졌습니다.

20세기부터 어린이와 청소년에 대한 연구가 활발해졌습니다. 국가는 아동 복지 정책을 실시하고, 법과 제도를 제정해 나갔습니다. 루소의 주장처럼 어린이와 청소년을 하나의 독립된 개체이자 인격체로 인식하기 시작한 것입니다. 오늘날 우리나라를 포함한 대부분의 국가는 어린이 노동을 법으로 금지하고 있습니다. 국제연합(UN)은 1959년 청소년까지를 대상으로 한 아동권리선언을, 1989년에는 아동권리협약을 발표했습니다. 이처럼 어린이와 청소년이 특별한 대접을 받기 시작한 것은 아주 최근의 일입니다.

- 옛날에는 영아 살해가 흔한 일이었다.
- 고대와 중세 시대까지 어린이들은 '작은 어른' 취급을 받았다.
- 19세기 공교육이 시작되면서 아동기에서 청소년기가 분리되었다.

작은 어른에서
미성숙한 아이로

소년법은 19세기 말, 미국의 소년법원 설립 운동에서 시작되었습니다. 소년들은 아직 미성숙하기 때문에 어른 범죄자와는 다르게 다루어야 한다는 것이 이 운동의 취지였 습니다.

18세기

영국에서는 3실링 6펜스(현재 가치로 약 3만 원)와 나이프를 훔친 16세 소년이 사형당한 기록이 있습니다. 19세기에는 15세 소녀 에스더 에이브러햄스가 50실링짜리 장신구를 훔쳤다는 불확실한 혐의로 호주로 영구 추방당했고, 11세 소녀 메리 웨이드는 덧옷 한 벌과 스카프, 모자를 훔친 죄로 교수형을 언도받았다가 어린 나이가 참작되어 겨우 목숨만 건진 채 호주로 추방당했습니다. 당시 호주는 영국 식민지로 죄수들이 유배를 가는 곳이었습니다.

오늘날이면 나이가 어리다는 이유로 파출소에서 반성문을 쓰고 풀려날 수 있는 죄입니다. 하지만 200여 년 전만 해도 소년 범죄자들은 어른 범죄자와 똑같은 처벌을 받았습니다. 그것이 그 시대의 상식이었습니다. 당시 소년들은 신체가 작은 '어른'이었습니다.

오늘날의 소년법을 한 단어로 요약하면 '특혜'입니다. 흔히 특혜라고 하면 뭔가를 더 받는 상황을 떠올립니다. 남들보다 하나를 더 받는 것도 특혜이고, 남들보다 한 대를 덜 맞거나 한 대도 맞지 않는 것, 역시 특혜입니다. 소년법은 같은 범죄를 저질러도 어른보다 가벼운 처벌을 받게 하거나, 아예 처벌을 면제해 주는 법입니다. 이러한 특혜의 역사는 19세기 말, 미국의 소년법

▌ 소년 범죄자와 성인 범죄자를 동일하게 처벌할 것인가?

원 운동부터 시작되었습니다. 소년범들은 미성숙하기 때문에 어른 범죄자와 같은 처벌을 해서는 안 된다는 것이 이 운동의 취지였습니다.

아끼는 머그 컵을 누군가 떨어뜨려 깨졌다면 컵 주인은 그 사람에게 변상을 요구할 수 있습니다. 하지만 어린이가 그랬다면 컵 주인은 비록 화가 머리끝까지 치솟아도 '어리니까 그럴 수 있지.'라고 참고 넘어갈 것입니다. 어린이는 미성숙하므로 자신의 행동이 옳은지 그른지 판단할 능력이 부족하기 때문입니다. 법에서는 이것을 책임 능력이라고 부릅니다. 책임 능력을 갖춘 사람에게만 그 행동에 대한 책임을 요구합니다. 예를 들면, 정신 이상자가 신호등을 무시하고 도로에서 뛰어다녀도 처벌할 수 없습니다. 책임 능력이

없기 때문입니다. 물론, 이 점을 악용해서 범죄를 저지르고도 범행 당시 자신이 정신 이상임을 주장해 무죄로 풀려나는 사람들도 많습니다. 아무튼 한때 '작은 어른' 취급을 받던 소년이 이제 '보호의 대상'으로 처지가 달라진 것입니다.

국가는 부모다

중세 시대, 영국에는 국왕 재판소라는 것이 있었습니다. 주로 상속이나 유산과 같은 재산 분쟁을 처리하는 민사 법원이었는데, 종종 고아나 부모로부터 방치되거나 학대를 받아서 도움이 필요한 어린이들도 다루었습니다. 국가나 국왕은 아이들을 최종적으로 보호하고 감독할 권한과 의무가 있다는 것이 근거였습니다. 미국에서 일어난 소년법원 운동의 바탕에도 이 사상이 있습니다. 이것을 국친사상(國親思想, 국가가 소년들의 부모라는 사상)이라고 합니다.

미국은 17세기 영국의 종교 박해를 피해 미국으로 건너온 영국 **청교도**들이 세운 국가입니다. 이후 독립전쟁을 거쳐 영국으로부터 독립했고, 그들만의 법도 제정했지만 그들의 뿌리인 영국의 법 전통은 미국의 법 토양에 빗물처럼 스며들었습니다. 19세기 말에 시작된 소년법원 운동의 바탕에도 국친사상이 흐르고 있었습니다.

1899년, 소년법원 운동은 결실을 맺었습니다. 미국 일리노이 주에서 세계 최초로 소년법이 제정되고, 같은 해 시카고에서 최초의 소년법원이 탄생했습니다. 재판을 기다리는 범죄자들 속에서 소년 범죄자를 가려낸 것입니다. 범죄 소년은 물론, 술을 마시고 담배를 피우는 소년, 부모로부터 학대받거나 버려진 소년도 소년법원의 관할 대상이었습니다. 참고로 우리나라에는 전문

소년법원이 없습니다. 한국에서 벌어지는 소년재판은 지방법원과 가정법원 소년부 관할입니다.

　중학교에 다니는 소년이 부모님의 지갑에서 몰래 지폐 몇 장을 꺼냈습니다. 우연히 그 장면을 소년의 부모가 목격했습니다. 부모는 몹시 화가 나지만 그렇다고 아들을 경찰에 신고하거나 재판을 받게 하지는 않습니다. 정상적인 부모라면 이렇게 하겠지요. 대개는 무릎을 꿇게 하거나 반성문을 쓰는 정도로 벌을 준 후 같은 잘못을 저지르지 않도록 교육을 시킵니다. 이 같은 부모의 마음으로 소년범들을 대하는 것이 소년법의 취지입니다. 소년법원의 판사에게 요구되는 모습은 '아버지와 같은 재판관이 소년이 지닌 문제에 대

▌ 청소년의 흉악한 범죄에도 관대해야 할까, 아니면 엄격해야 할까?

해 서로 이야기하고 부친의 입장에서 권고와 훈계를 해서 나쁜 길로 들어선 소년의 마음과 양심에 접근한다.'라는 것이었습니다. 우리나라 소년법에도 **'심리**는 친절하고 온화하게 하여야 한다.'라는 조항이 있습니다.

국가와 가정이 소년범들에게 관대한 이유는, 그들이 아직은 인격적으로 어리므로 더 배워야 하고, 그렇게 교육을 받다 보면 나아지리라 생각하기 때문이지요.

〈마이너리티 리포트〉와 우범소년

어두운 밤, 술을 마시고 패거리를 지어 몰려다니며 시민들을 쭈뼛하게 만드는 소년들. 그들은 범죄자일까요? 분명히 사람들의 눈살을 찌푸리게 만들고 위화감을 조성하는 행위지만, 실제로 무슨 범죄를 저지른 것은 아닙니다. 하지만 내버려두면 죄를 지을 가능성이 높기 때문에 외출 금지령을 내리고 휴대전화를 압수하는 등의 조치를 취해야 할까요? 그것이 불량한 자식을 대하는 올바른 부모의 행동일까요, 아니면 지나친 간섭일까요?

〈마이너리티 리포트(Minority Report)〉라는 할리우드 영화가 있습니다. 영화에서는 미래를 내다보는 예언자 세 명이 살인을 예언하면, 경찰이 미리 현장에 도착해서 그 사람을 체포한다는 범죄 예방 프로그램이 도입됩니다. 살인 사건을 예방하고 희생자를 구할 수 있다는 이유로 이 프로그램은 영화 속에서 대단한 인기를 얻습니다. 하지만 실제로 범죄를 저지르지 않은 사람을 체포하는 것이 과연 합법적인지 논쟁이 불거지고, 결국 이 프로그램은 폐지됩니다.

소년 재판의 대상에는 우범소년이라는 것이 있습니다. 범죄가 자주 발생하는 지역을 우범 지역이라 하듯, 우범소년은 늦은 시간에 무리를 지어 우르르 몰려다니거나 술에 취해 고래고래 소리를 지르고 노래를 불러서 주변 사람들을 불안하게 하거나, 툭하면 가출하는 소년 등을 말합니다. 우범소년의 부모와 우범소년이 다니는 학교의 교장 그리고 경찰은 소년 재판을 받도록 조치할 수 있습니다. 이를 '통고'라고 합니다.

소년법은 우범소년들이 죄를 지은 것은 아니지만, 반사회성(反社會性), 즉 사회에 반항적이고 사회가 정한 규범을 위반할 가능성이 높기 때문에, 환경의 조정과 품행의 교정(矯正)을 위하여 소년 재판을 통해 보호 처분을 할 필요가 있다고 규정하고 있습니다.

소년법의 이러한 취지는 일리가 있지만 논란의 소지 또한 있습니다. 단지 범죄를 저지를 가능성이 높다는 이유로 이들을 소년 재판에 세우는 것이 정당할까요? 시민들의 반응은 엇갈립니다. 기본권 침해라고 주장하는 사람도 있고, 소년 재판은 처벌이 아니라 교육을 목적으로 하는 보호 처분이므로 큰 문제가 없다고 주장하는 사람도 있습니다. 여러분은 어떻게 생각하세요?

동양의 국친사상

서양만큼 체계적이지는 않았지만, 동양의 역사에서도 국친사상의 흔적들이 발견됩니다. 중국 고대의 경전 《대학(大學)》에 "나랏님은 백성을 갓난아기 돌보듯 해야 한다."라는 구절이 나옵니다. 1100년 전의 주나라의 예법서 《주례(周禮)》에는 "어린아이는 방면한다."라고 적혀 있습니다. 주례는 '어린이'의 나이를 밝히지 않고 있습니다. 하지만 비슷한 시기에 살았던 공자의 예법 사상을 담은 《예기(禮記)》에는 나이가 기록되어 있습니다.

"80세 이상과 7세 이하는 죄를 지어도 형벌을 가하지 않는다."

이 구절에서 고대 중국은 어린이 말고 노인에게도 특혜를 준 것을 알 수 있습니다. 2천 년 전 중국에서 80세 노인은 매우 희귀한 존재였을 것입니다. 당시 중국인의 평균 수명은 약 30세였습니다.

이런 특혜는 이후 중국의 형법에 계승되었고, 이민족들에게도 영향을 주었습니다. 4세기 북방의 선비족이 세운 북위의 역사서 《위서》에는 다음과 같은 규정이 있습니다.

"나이가 14세 미만이면 형벌을 절반으로 깎아 주고, 80세 이상이거나 9세 이하인 자는 살인죄가 아니면 처벌하지 않는다."

한국의 국친사상 중 가장 오래된 흔적은 삼국 시대 때인데, "나랏님이 친히 고아의 어버이가 되어 그들을 보호하도록 했다."라는 기록이 있습니다. 고려 시대에는 지역별로 고아를 보호한 기록이 있습니다. 조선 시대에는 수양 제도(收養制度)를 통해 고아를 보호했는데, 나쁜 마음을 먹고 고아를 키워 나중에 노비로 삼는 폐단을 막기 위해 진휼청이라는 기구를 두었고, 중앙에는 아동의 일시 보호소 격인 유접소(留接所)를, 지방에는 진장(賑場)이라는 기구를 두어 각각 고아를 수용했습니다.

조선 시대의 법전인 《**경국대전**》에는 15세 이하는 반란이나 강도, 살인 등 중범죄가 아니면 구금하지 않도록 하고 있습니다. 소년들을 미성숙한 존재로 설정하고, 소년범들에게 특혜를 베푼 점에서 조선의 법은 근대 서양의 소년법원 운동과 닮은 데가 있습니다. 다만, 조선은 형벌을 가볍게 해 주는 것에 그친 데 비해, 서양의 국친사상은 한 걸음 더 나아가 소년범들을 더 적극적으로 보호하고 교육하려고 했습니다.

사례탐구 부모를 때리는 범죄, 강상죄

조선은 유교 국가로 신분제 사회였습니다. 유교는 사람의 관계를 위와 아래로 구분하고, 아랫사람이 윗사람을 떠받드는 것을 미덕으로 간주했습니다. 신하는 임금에게 충성하고, 자식은 부모에게 효도하고, 아내는 남편 말에 순종하고, 노비는 주인의 말에 복종해야 했습니다. 윗사람을 능멸하는 자는 무거운 처벌을 받았습니다. 이 죄를 강상죄(綱常罪)라고 불렀습니다.

조선 시대, 부모를 때리거나 살해한 자식은 어떤 형벌을 받았을까요? 부모를 때린 아들은 목을 베는 참형에 처해졌습니다. 만일 부모가 사망하면 능지처사(陵遲處死)라는 처벌을 받았습니다. 능지처사란 칼로 온몸의 살을 하나씩 뜯어 내어 오랫동안 고통을 느끼게 한 후 마지막에 심장을 찔러 죽이는 참혹한 형벌입니다. 본인만 죽는 것으로 끝나지 않습니다. 연좌율(緣坐律, 가족과 친척까지 함께 처벌받는 법)이 적용되어 아내와 자녀는 노비가 되었고, 살던 집은 헐어서 연못으로 만들고, 살던 군현은 읍호를 향, 소, 부곡(노비나 천민 등 신분이 낮은 사람들이 사는 동네)로 강등시켰습니다.

오늘날 일반 살인죄는 사형이나 무기 징역 혹은 5년 이상의 징역에 처합니다. 하지만 부모 살인죄는 존속 살해라고 하여 사형, 무기 징역 또는 7년 이상의 처벌을 받습니다. 그런데 부모가 자식을 살해하는 죄(비속 살해)는 일반 살인 사건으로 적용됩니다. 그것이 무엇이든 살인은 무거운 범죄인데, 자식이 부모를 살해한 죄가 그 반대의 죄보다 무거운 이유는 무엇일까요? 조선 시대부터 이어진 강상죄의 전통 때문입니다. 아랫사람은 윗사람을 능멸해서는 안 되지만, 윗사람의 처신에는 관대했던 유교적 가치관이 현대의 형법에도 남아 있는 것입니다. 사람과 사람의 관계를 위와 아래로 구분했던 전근대적인 수직적 인간관의 잔재가 여전히 현대에도 남아 있다는 반증입니다.

간추려 보기

- 소년법은 소년 범죄자들에게 특혜를 주는 법이다.
- 소년법의 기본 이념인 국친사상은 국가가 소년들의 부모라는 사상이다.
- 우범소년은 실제로 범죄를 저지르는 않았지만, 그럴 가능성이 높은 소년
  을 뜻한다.

소년법과 청소년보호법

소년법은 연령에 따라 다르게 적용됩니다. 우리나라는 만 14세 미만은 형사 미성년자로 규정하고 있습니다.

부산 여중생 폭행 사건이 발생한 직후, 청와대 국민 청원 게시판에는 소년법을 폐지하라는 청원이 쇄도했습니다. 동시에 청소년보호법을 폐지하라는 청원도 올라왔습니다. 이는 청소년보호법과 소년법을 구별하지 못해서 생긴 촌극입니다. 이름은 비슷하지만 둘은 완전히 다른 법입니다.

청소년보호법은 청소년에게 좋지 않은 매체물이나 유해한 환경으로부터 청소년을 보호하는 법입니다. 편의점이나 슈퍼마켓에서는 미성년자들에게 담배나 술을 팔아선 안 되고, 술집은 미성년자의 출입을 허락해선 안 되며, 극장에서는 성인 영화를 미성년자에게 보여 줘서는 안 됩니다. 소년법은 죄를 저지른 소년을 처벌하는 법입니다. 청소년보호법의 대상은 어른들(편의점 주인, 극장 주인, 술집 사장 등)이고, 소년법의 대상은 죄를 저지른 소년입니다.

중학교 3학년생 철수가 나이를 속이고 편의점에서 술을 샀습니다. 이 편의점은 청소년보호법을 위반했기 때문에 과징금을 물어야 합니다. 하지만 철수는 어떤 처벌도 받지 않습니다. 청소년보호법의 처벌 대상은 청소년이 아닌 어른(편의점 주인)이기 때문입니다. 한편, 철수는 그 술을 마시고 취해 지나가던 시민에게 시비를 걸었고, 말싸움 끝에 폭행했습니다. 이제 철수는 소

▌ '술 · 담배 사는 당신, 몇 살이세요?'. 미성년자에게 술과 담배를 팔지 못하도록 하는 서울시
의 준법 홍보 문구

년법에 의해 처벌을 받게 될 것입니다. 청소년보호법과 소년법, 이름은 비슷
하지만, 내용은 전혀 다릅니다.

대학생도 소년법 대상

소년이라고 하면 언뜻, 가장 먼저 떠오르는 이미지는 교복을 입은 학생입
니다. 그래서 고등학교를 졸업하거나 대학생이 되면 이제 어른이 되었다고
생각합니다. 한국의 소년법은 만 18세까지를 소년으로 규정하고 있습니다.
'18세면 대략 고등학교 2학년쯤 되겠네.'라고 생각하기 쉽습니다. 그런데 여
기에는 착시 현상이 있습니다. 한국의 독특한 나이 계산법 때문입니다.

한국에서는 아기가 태어나면 그 순간부터 한 살이 됩니다. 그리고 새해가
되면 또 한 살을 먹습니다. 예를 들어, 12월 31일 밤 11시 59분에 태어난 아기
는 1분 만에 두 살이 되는 것입니다. 이런 나이 계산법은 지구상에서 한국이

유일합니다. 다른 나라는 생일을 기준으로 나이를 계산합니다. '만 나이'입니다. 만 나이에 따르면, 태어난 아이는 첫 생일이 되어야 비로소 한 살을 먹습니다. 한국식 나이와 비교하면 최대 2살이 어립니다. 그런데 우리나라 소년법은 만 나이를 사용합니다. 따라서 만 18세라는 것은, 한국식 나이로 19세 아니면 20세입니다. 20세면 대학교 1학년이 되는 나이입니다. 어른 대접을 받는 대학생이 법적으로는 여전히 소년이라는 사실은 어딘지 비현실적인 느낌을 줍니다.

소년법은 특별법이다

재판에는 크게 민사재판과 형사재판이 있습니다. 민사재판은 사람들 사이에서 발생하는 다툼이나 분쟁을 해결하는 재판입니다. 예를 들면, 친구가 돈을 갚지 않는다, 층간 소음 때문에 잠을 못 자겠다, 이런 것들이 민사재판의 대상입니다. 형사재판은 우리가 흔히 말하는 '범죄'가 그 대상입니다. 윗집 사람이 밤마다 피아노를 쳐서 내가 잠을 못 잔다고 해서, 친구가 빌려간 돈을 갚지 않는다고 해서 그들이 범죄를 지은 것은 아닙니다. 따라서 벌금을 내지도 않고, 감옥에 가지도 않습니다. 하지만 윗집 사람이 시끄럽다고, 친구가 내 돈을 주지 않는다고 해서 그들을 때리면 범죄입니다. 형사재판을 받을 수 있습니다.

이 형사재판에서 적용하는 법이 형법입니다. 법정을 배경으로 한 드라마나 영화를 보면, 판사가 최종 판결을 할 때 '형법 몇 조에 의하여…….'라고 말하는 장면이 나옵니다. 형법은 어떤 행동을 하면 범죄가 되는지, 그 범죄를 저지른 사람은 어떤 처분을 받아야 하는지를 규정합니다. 소년법은 이 형법의 특별법입니다. 형법은 일반법이고, 소년법은 특별법입니다. 그리고 특별법은 일반법보다 우선합니다.

지하철로 생각해 볼까요? 지하철을 타려면 요금을 내야 합니다. 그것이 일반적인 규칙입니다. 하지만 65세 이상 노인은 무료 승차가 가능합니다. 일반적인 요금 규칙에 앞서는 특별한 규칙입니다. 이런 것이 특별법입니다. 소년법은 어른과 같은 죄를 저질러도 가벼운 처벌을 받을 수 있는 혜택을 인정하고 있습니다.

소년법은 어떤 특혜가 있을까?

그렇다면 소년법에는 어떤 특혜가 주어질까요? 소년이라고 해서 특혜가 다 같지는 않습니다. 나이가 어릴수록 특혜가 크고, 나이가 많을수록 특혜의 폭이 줄어듭니다. 소년법은 나이를 기준으로 세 그룹으로 구분해 각각 다른 특혜를 주고 있습니다.

첫 번째 그룹은 갓난아기부터 9세까지입니다. 이들은 어떤 범죄를 저질러도 처벌을 받지 않습니다. 재판을 받지도 않고, 감옥에 가지도 않습니다. 당연히 전과자라는 기록도 남지 않습니다. 살인죄를 저질렀다 해도 마찬가지입니다.

두 번째 그룹은 만 10세부터 13세까지입니다. 소년법에서는 이를 촉법소년이라고 부릅니다. 풀이하면, '법에 저촉(위반)되는 소년'이란 뜻입니다. 첫 번째 그룹과 달리 이들은 법을 어긴 책임을 져야 합니다. 그래도 지은 범죄를 고려하면 대단히 가벼운 책임입니다. 재판 장소도 성인 범죄자가 받는 형사법정이 아닌 소년 법정에서 재판을 받습니다. 죄가 가벼우면 휴지를 줍거나,

고아원이나 양로원에서 봉사 활동을 합니다. 죄가 무거우면 소년원으로 보내집니다.

　그래도 감옥에 가거나 전과자가 되지는 않습니다. 이 사회에서 전과자란 대단히 무서운 낙인입니다. 전과자가 자신의 과거를 후회하고 반성하고, 열심히 착하게 살려고 해도 사람들의 시선은 차갑습니다. 그래서 전과자들은 결혼이나 취직을 하기가 매우 어렵습니다. 촉법소년이 범죄를 저지르고도 전과자가 되지 않는 것은 그야말로 대단한 특혜인 셈이죠.

　하지만 그 혜택도 마지막 그룹인 만 14세부터는 주어지지 않습니다. 형사미성년자는 13세까지이기 때문입니다. 죄질이 가벼우면 소년 재판을, 죄질이

▌ 전과자들은 사회생활에 지장이 많습니다. 그러므로 소년범이 범죄를 저지르고도 전과자가
　되지 않는 것 자체가 대단한 특혜입니다.

무거우면 성인 범죄자들 틈에 끼어서 형사 재판을 받습니다. 형사처벌을 받으면 감옥에 갈 뿐만 아니라 전과자로도 등록됩니다. 대신 같은 범죄라고 해도 성인보다 낮은 형량을 받고 감옥에서 수감 생활을 성실하게 하면 **가석방**의 기회도 빨리 주어집니다. 이 역시 소년법이 제공하는 특혜입니다.

지금부터는 이 세 그룹이 구체적으로 어떤 식으로 특혜를 받는지 알아보기 위해, 잔인한 이야기지만, 실제로 우리나라에서 발생한 세 건의 살인 사건 사례를 통해 살펴보겠습니다.

사건 1. 캣맘 살인 사건

길 고양이를 돌보는 사람들을 여성은 캣맘(catmom), 남성은 캣대디(catdaddy)라고 부릅니다. 2015년 10월 8일 오후 3시 30분, 경기도 용인의 한 아파트 주민인 50대 캣맘과 20대 캣대디가 아파트 화단에 쭈그려 앉아 길고양이에게 줄 집을 만들고 있었습니다. 난데없이 벽돌 하나가 그들의 머리 위로 떨어졌습니다. 벽돌에 맞은 두 사람은 쓰러졌습니다. 남성은 크게 다쳤지만 다행히 목숨을 건졌습니다. 하지만 50대 여성은 사망했습니다. 그 벽돌은 7미터 떨어진 아파트 옥상 48미터 높이에서 떨어진 것이었습니다.

범인은 만 9세 초등학생이었습니다. 소년은 벽돌로 '낙하 실험'을 해 본 것일 뿐, 고의로 그런 것이 아니라고 주장했습니다. 만일 범인이 어른이었다면 살인죄가 적용될 것이고, 정말로 '낙하 실험'이 맞다면 그보다는 가벼운 살인치사 혐의가 적용될 것입니다. 하지만 정말로 죽일 마음이 있었든, 실수였든 간에 이 소년은 벌을 받지 않습니다. 만 9세까지는 어떤 죄를 저질러도 어떤 처벌도, 어떤 처분도 받지 않기 때문입니다. 만일 그날, 18층 아파트 옥상에서 소년이 벽돌을 던졌을 때, 생일이 지났더라면 소년은 전혀 다른 처벌을 받았을 것입니다.

사건 2. 고모를 살해한 조카

소년은 아홉 살 때 부모님을 모두 여의었습니다. 이후 동생과 함께 고모의 손에서 길러졌습니다. 소년은 게임을 좋아해서 학교에 잘 나가지 않았습니다. 보다 못한 고모가 나무라자 소년은 고모에게 달려들었습니다. 중학교 1학년 13세의 어린 나이였지만 170센티가 넘는 키에 덩치가 큰 소년은 고모를 목 졸라 살해했습니다. 이를 지켜보고 있던 동생도 같이 살해하려고 했지만, 아무것도 못 본 것으로 하겠다는 동생의 다짐을 듣고 살려 주었습니다.

다음 날, 신고를 받은 경찰이 도착했습니다. 그리고 소년을 경찰서로 데리고 갔습니다. 벽돌을 던져 사람을 죽인 9세 소년은 처벌을 받지 않았지만, 이 소년은 10세가 넘기 때문에 벌을 받아야 합니다. 보통 우리나라 형사 법원은 살인죄의 경우 5년 이상의 징역형을 **선고**합니다. 특히 그 수법이 흉악(토막 살인, 어린이 유괴 후 살해 등)할 때는 무기 징역에서 사형까지도 가능합니다. 하지만 이 소년은 감옥에 가지 않았습니다. 보통의 범죄자들이 받는 형사 재판도 받지 않았습니다. 소년의 나이 13세는 형사 미성년자인 촉법소년에 해당하기 때문입니다. 이 소년은 소년 재판으로 송치되어 그곳에서 소년원 2년의 처분을 받았습니다. 그것이 소년법상 촉법소년에게 내릴 수 있는 가장 무거운 벌이기 때문입니다.

사건 3. 인천 초등학생 살인 사건

　한 소녀가 아파트 베란다에서 아래를 내려다보고 있었습니다. 가까운 곳의 초등학교가 눈에 들어왔습니다. 소녀는 알고 지내던 대입 재수생 박 양에게 문자 메시지를 보냈습니다. '애들이 보인다!' 재수생으로부터 답장이 왔습니다. '그럼 걔네들 중 한 명이 죽겠네.'

　잠시 후, 소녀는 외출을 했습니다. 집으로 들어왔을 때는 초등학교 2학년 여자아이와 함께였습니다. 집에 전화를 해야 하니 휴대전화를 빌려 달라는 꼬마에게 배터리가 없으니 집 전화를 쓰게 해 주겠다고 꼬드겨 데리고 온 것이었습니다. 그때, 박 양으로부터 다시 문자가 도착했습니다. '잡아 왔냐?' 소녀는 '상황이 아주 좋아!'라는 답장을 보냈습니다. 이윽고 소녀는 꼬마의 목을 졸라 살해했습니다. 그러고는 시신을 토막 내서 종이 봉투에 옮겨 담았습니다. 몇 시간 후, 소녀는 종이 봉투를 들고 외출했습니다. 종이 봉투는 재수생에게 전해졌고 그녀는 봉투를 확인한 뒤 집에 들고 가서 쓰레기통에 버렸습니다. 2017년 봄, 전 국민을 경악하게 한 인천 초등학생 살인 사건이었습니다. 둘은 경찰에 체포되었는데, 주범은 17세의 김모 양, 공범은 18세의 박모 양이었습니다.

　둘 다 촉법소년의 연령을 이미 지난 데다 그 죄질이 무겁고 수법이 악랄해서 둘은 형사 법원에서 재판을 받았습니다. 사건을 수사한 담당 **검사**는 김 양을 살인 사건의 주범으로, 박 양은 살인을 도운 공범으로 기소했습니다. 당연히 주범이 공범보다 죄가 무겁습니다. 그런데 1심 법원 판사는 김 양에게는 징역 20년을, 박 양에게는 무기 징역을 선고했습니다. 공범이 주범보다 더 무거운 벌을 받은 것입니다. 나이 때문이었습니다.

사례탐구 고가 위에서 돌을 던진 소년들

2017년 10월 24일, 서른두 살의 케네스 앤드루 화이트는 자동차를 타고 퇴근 중이었습니다. 운전은 직장 동료가 했고 화이트는 조수석에 앉아 있었습니다. 난데없이 날아온 돌이 자동차 유리창을 깨고 화이트의 머리와 가슴을 가격했습니다. 화이트는 급히 병원으로 후송됐지만 끝내 숨지고 말았습니다. 화이트는 네 아이의 아버지였습니다.

범인은 고속도로 위 고가 도로에서 아래로 돌을 던진 다섯 명의 10대 소년들이었습니다. 가장 어린 소년이 15세, 가장 나이가 많은 소년이 17세였습니다. 미시간주 경찰에 따르면 그들은 약 20개의 돌을 그저 재미로 던졌다고 합니다. 미국의 소년법은 주마다 다르지만 대체로 18세 미만은 소년법의 적용을 받습니다. 하지만 한국과 달리, 강간이나 살인 등 흉악 범죄를 저지를 경우 성인 법에 의해 형사처벌을 받을 수 있도록 규정하고 있습니다. 소년들을 체포한 미국 검찰은 "자신들의 행동이 누군가를 다치게 하거나 죽게 할 수 있음을 자각해야 한다."라며 2급 살인 혐의를 적용했습니다. 최고 무기 징역까지 받을 수 있는 중범죄로 본 것입니다.

소년법은 만 18세 미만에게는 사형이나 무기 징역을 선고할 수 없도록 규정하고 있습니다. 가장 무거운 벌이 15년 유기 징역입니다. 김 양은 만 17세였습니다. 여기에 시체를 훼손하는 등 그 죄질이 악랄해서 특정 강력 범죄가 추가되면서 5년이 더해져 20년이 된 것입니다. 반면, 공범 박 양은 만 18세여서 소년법의 혜택을 받지 못해 무기 징역이 선고된 것입니다.

소년법의 특혜는 여기서 끝이 아닙니다. 천인공노할 범죄를 저지른 둘이지만, 5년 후에는 석방될 가능성이 있습니다. 소년법은 비록 20년형과 무기형을 받은 죄수라도 성실하게 복역하고 반성하는 자세가 보이면 5년 후에 가석방할 수 있도록 규정하고 있습니다. 이것은 대단한 특혜입니다. 물론 성인 범죄자도 가석방이 가능합니다. 하지만 성인 범죄자는 무기 징역의 경우는 20년, 유기징역의 경우는 **형기**의 3분의 1이 지나야만 가석방될 수 있습니다.

간추려 보기

- 청소년 보호법의 대상은 어른이고, 소년법의 대상은 소년이다.
- 소년법은 일반법인 형법의 특별법이다.
- 촉법소년의 연령은 만 10세 이상 14세 미만으로, 형사처벌을 받지 않는다.

소년 재판과 소년원

소년 재판의 목적은 범죄에 대한 징벌이 아니라, 죄를 저지른 소년의 환경을 조정하고 품행을 교정하는 것입니다.

소년 전문 법원이 없는 한국은 죄질이 가벼운 만 14세 이상 소년에게는 지방법원이나 가정법원 소년부에서 소년 재판을, 죄질이 무거운 소년범은 일반 형사 법원으로 보내 재판을 받게 하는 이중적 구조를 취하고 있습니다.

일반 형사 재판이 열리는 법정에 가 보면 가장 먼저 판사가 보입니다. 판사는 1명일 때도 있고, 3명일 때도 있습니다. 판사가 혼자이면 단독 재판부, 3인일 때는 합의 재판부라고 부릅니다. 단독 재판부는 좀도둑과 같은 죄질이 가벼운 사건을, 합의 재판부는 징역 1년 이상이 예상되는 죄질이 무거운 사건을 담당합니다.

판사 앞에는 피고인이 앉는 자리가 있습니다. 옆으로 검사와 변호사가 있고, 재판이 시작되면 피해자를 비롯해 증인들이 줄줄이 출석합니다. 맨 뒤쪽에는 극장처럼 방청객이 앉는 좌석이 마련되어 있습니다. 재판을 보고 싶어 하는 사람이라면 누구라도 방청객이 될 수 있습니다. 판사와 변호사, 검사, 원고, 피고, 여기에 방청객까지 수많은 사람이 참석합니다. 형사 법정의 흔한 모습입니다.

소년 재판은 많이 다릅니다. 재판장에는 허락받은 사람만 들어올 수 있습니다. 판사는 한 명이고, 소년범, 소년범의 부모님이나 보조인 정도만이 재판장에 들어올 수 있습니다. 검사도 없고, 방청객도 없습니다. 심지어 사건의 피해자도 참석할 수 없습니다. 형사 재판은 공개된 재판이지만, 소년 재판은 원칙적으로 비밀 재판입니다.

사용하는 용어도 다릅니다. 형사 재판에서는 변호사가 있지만, 소년 재판에서는 변호사 대신 보조인이라고 부릅니다. 형사 재판의 판사는 '판결'을 내리고, 소년 재판의 판사는 '결정'을 내립니다. 결정이란 판결보다 좀 가벼운 사건에서 판사가 내리는 결론을 말합니다. 또 형사 재판은 '처벌'을 내리지만, 소년 재판은 '처분'을 내립니다. 처벌과 처분, 비슷한 것 같지만 차이가 있습니다. 처벌이란 '네가 잘못했으니 벌을 받아야 해!'라는 뜻이고, 처분은 '네가 잘못한 것은 맞는데, 아직 어려 뭘 몰라서 그런 것이니 교육을 좀 받도

법원 소년부(소년 재판)에서 판사가 내리는 처분은 모두 10가지입니다. 이를 보호 처분이라고 부릅니다. 보호 처분은 숫자가 낮을수록 처분이 가볍습니다.

보호 처분	내용
1호	보호자 감호 위탁
2호	수강 명령 (최대 100시간, 알코올·마약 중독 치료 강의, 준법 심리 치료 강의)
3호	사회 봉사 명령 (최대 200시간, 자연 보호 활동, 봉사 활동 등)
4호	단기 보호 관찰 (1년)
5호	장기 보호 관찰 (2년)
6호	소년 보호 시설에 위탁 (아동 복지 시설이나 소년 보호 시설)
7호	소년 의료 시설에 위탁 (병원, 요양소 등 소년 의료 보호 시설)
8호	1개월 내 소년원 송치
9호	단기 소년원 송치 (6개월 이내)
10호	장기 소년원 송치 (최대 2년)

록 해.'라는 의미입니다. 그 교육을 보호 처분이라고 부릅니다.

소년 재판은 재판의 형식을 띠고 있기는 하지만, 그 목적은 범죄에 대한 징벌이 아닙니다. 죄를 저지른 소년의 환경을 조정하고 품행을 교정하는 것입니다. 그래서 소년 재판에는 검사가 없고 변호사 대신 보조인이라는 호칭을 사용하는 것입니다. 소년 재판이 비밀 재판을 원칙으로 하는 것도 같은 이유입니다. 아직 어린 소년들이 재판받는 모습이 대중에게 공개되어 자칫 사생활이 노출되지 않도록 하려는 법원의 배려입니다.

검사의 막강한 힘

겉으로만 보면, 소년부 판사가 범법 소년들의 운명을 쥐고 있는 것처럼 느껴집니다. 판사의 한마디에 집에서 생활하면서 가끔 길에 떨어진 휴지를 줍는 정도로 처분이 끝나기도 하고, 아예 집을 떠나 실제로는 교도소나 다름없는 소년원에 들어가기도 합니다. 하지만 소년범에게는 판사보다 검사가 훨씬 무서운 존재입니다.

여기, 중학교 불량 학생 셋이 있습니다. 이들은 무리를 지어 다니며 학생들에게 폭력을 휘두르고 돈까지 뺏었습니다. 누군가의 신고로 이들은 경찰에 체포되었습니다. 세 명 모두 만 14세였습니다. 소년 범죄라고 해서 반드시 재판을 받는 것은 아닙니다. 경찰이 보기에 죄가 가볍다고 생각하면, 다시는 그러지 말라며 훈계를 해서 돌려보낼 수도 있습니다. 훈방 조치입니다. 그런데 이 세 명은 범죄 수법이 과격하고 피해를 입은 학생이 적지 않았습니다. 훈방 조치로는 어림없다고 판단한 경찰은 이들을 검찰에 보냅니다. 이를 송치라고 부릅니다. 검찰에 소속된 공무원이 검사입니다.

이제 불량 학생들의 운명은 검사의 손으로 넘어왔습니다. 여기서 검사가 선택할 수 있는 것은 크게 두 가지입니다. 첫 번째는 풀어 주는 것입니다. 그냥 풀어 주는 것은 아니고, 청소년을 선도하는 단체나 시설에서 일정 시간 상담과 교육을 받는 조건으로 풀어 주는 것입니다. 이를 선도 조건부 기소 유예라고 합니다. 검사가 베풀 수 있는 최고의 관대함입니다. 두 번째는, 재판에 넘기는 것입니다. 불량 학생 셋은 만 14세의 동급생입니다. 즉, 소년 재판만 받을 수 있는 촉법소년 연령을 지난 것입니다. 하지만 검사가 보기에 소년 재판으로도 충분하다고 판단되면 지방법원이나 가정법원 소년부(소년재판)로 보낼 수 있습니다. 이들에게 소년재판은 과분하므로 형사 재판을 받도록 해야 한다고 검사가 판단하면 형사 법원으로 보내집니다. 물론 최종 판단은 판사가 합니다. 그 전에 범죄 소년을 풀어 줄지, 소년 재판으로 보내 보호 처분을 받게 할지, 형사처벌을 받게 할지 등, 범죄 소년들의 운명을 결정하는 1차적인 권한은 검사가 쥐고 있습니다. 검사의 막강한 권한, 이것을 검사 선의주의라고 합니다.

소년원이 아니라 학교

소년 재판에서 내리는 가장 무거운 처분은 소년원 수감입니다. 우리나라 에는 모두 10개의 소년원이 있습니다. 그러나 정작 소년원이라는 이름이 붙은 곳은 어디에도 없습니다. 예전에는 소년원(전주 소년원, 청주 소년원)이라 불렸지만, 1997년부터 학교라는 간판으로 바꿨습니다. 보통 정보 통신 학교, 산업 학교라는 간판이 많습니다. 소년원은 보호 소년의 처우 등의 법률에 따라 설치된 법무부 산하 특수 교육 기관입니다. 소년 재판이 형벌이 아닌 교육의 목적이 강하기 때문에 소년 재판의 처분인 소년원 역시 교육 기관의 성격을 띠게 된 것입니다.

실제로 원생들에게는 명찰이 달린 교복이 지급되고, 교육 내용도 교과 과정과 직업 훈련 교육 과정으로 편성되어 있습니다. 또 법에 의해 소년원에 들어온 학생은 법적으로도 입학이나 전학 또는 편입학한 것으로 간주됩니다. 그래서 그곳에서 착실히 교육을 받으면 초등학교와 중학교까지 졸업한 것

알아두기 소년원을 소재로 한 영화 〈슬리퍼스(sleepers)〉

미국 뉴욕의 빈민촌 헬스키친에 장난이 심한 4명의 소년, 로렌조, 마이클, 존, 토미가 살고 있었습니다. 가끔은 도둑질을 하고 농구도 같이 하고, 성당에도 다니면서 즐거운 나날을 보내고 있었습니다. 어느 날 그들은 (주인공의 표현에 의하면 세상에서 가장 멍청한 짓인) 핫도그

▌영화 〈슬리퍼스〉 속 한 장면

수레를 훔치다 실수로 사람을 다치게 합니다. 넷은 체포되어 재판을 받았고 6개월에서 18개월까지 윌킨스 소년원에서 보내는 처분을 받게 됩니다.

또래 소년들보다 나름 거친 환경에서 자랐다고 생각한 넷에게도 윌킨스 소년원은 위험하고 음습한 곳이었습니다. 그곳의 간수들은 독재자처럼 군림하며 원생들을 마음껏 학대하고 있었습니다. 특히 간수 녹스가 가장 위험한 인물이었습니다. 넷은 시시때때로 녹스에게 끌려가 성적 학대를 당합니다.

시간이 흘러 넷은 소년원을 나와 각자 다른 길을 걷게 됩니다. 마이클은 검사가 되었고, 로렌조는 기자가 되어 무난한 인생을 살게 되었습니다. 하지만 소년원에서 겪은 충격에서 벗어나지 못한 존과 토미는 살인을 밥 먹듯이 하는 진짜 범죄자가 되어 감옥을 들락거렸고, 결국 갱단의 일원이 됩니다. 어느 날, 존과 토미는 술집에서 옛날 자신들을 괴롭힌 간수 녹스를 만나게 되고, 둘은 녹스를 살해합니다. 존과 토미가 체포되자 마이클은 로렌조를 만나 이 기회에 나머지 간수들에게 복수를 하자고 설득합니다. 오래전 일을 끄집어내는 것이 못마땅한 로렌조에게 마이클이 말합니다.

"아직도 불을 켜고 자지? 이제 돌려줄 때가 됐어."

소년원에서 겪은 상처로 여전히 고통받는 로렌조와 마이클도 마찬가지였던 것입니다. 마이클은 옛 친구인 존과 토미를 기소하는 검사 역을 맡고, 로렌조는 나머

지 간수들의 정보를 추적합니다. 존과 토미의 최후 공판이 있던 날, 과거 소년원의 간수를 증인으로 법정에 출석시켜 자신이 저지른 추악한 과거를 판사와 방청객이 지켜보는 앞에서 자백하게 하는 등 복수에 성공합니다.

존과 토미는 무죄로 풀려나고 넷은 오랜만에 해후해 짧지만 즐거운 시간을 보냅니다. 몇 달 후, 존과 토미는 다른 갱단과의 세력 다툼에 휘말려 살해당하고 존은 검사직을 사직합니다.

으로 인정됩니다.

그럼에도, 여전히 소년원이라고 하면 부정적인 색채가 강합니다. 17세 때 절도로 소년원에 갔다 온 적이 있는 소설가 장정일은 소년원을 "학교와 군대의 단점만 모아 놓은 곳"이라고 혹평한 적이 있습니다. 소년원에 들어온 순간, 원생들은 휴대전화 사용이 금지됩니다. 또 특별한 이유 없이 외박과 외출도 금지되는 등 많은 행동에서 통제와 규제를 받습니다. 환경도 그리 좋은 편이 아닙니다. 이미 대부분의 소년원이 수용 한계를 넘어선 지 오래입니다. 군대 내무반처럼 좁은 곳에 많은 원생들이 모여 생활하다 보니, 제대로 된 교육이 이루어지가 쉽지 않습니다. 원생들 간에 일어나는 폭력과 난동도 문제입니다. 또한 원생들에 대한 인권 침해도 심심치 않게 발생하고 있습니다. 좋게 말하면 기숙사 학교고, 나쁘게 말하면 수용소나 감옥인 셈입니다.

소년원의 가장 큰 존재 목적은 소년 보호입니다. 범죄를 저지른 소년들이 다시 범죄에 노출되지 않도록 교화하는 것입니다. 그러나 범죄 소년들을 한

한창 반항기에 접어든 청소년들에게 또래 문화는 큰 의미를 갖습니다. 또래와 어울리면서 청소년들은 그들만의 문화를 형성합니다. 그들에게는 나름대로의 규칙과 질서가 있습니다. 선생님과 부모님 말씀은 무시해도 또래 집단의 규칙과 질서는 지키려고 하는 것이 반항기 청소년들의 특징입니다.

또래 집단이 반사회적 성향을 띠면, 그 구성원인 청소년들도 곧잘 집단적 동조 현상을 보입니다. 만일 또래 중 누군가가 일탈 행동을 하면, 그 행위를 제지하기보다는 모방하거나 동참하려는 태도를 보이기도 합니다. 이러한 동조 현상은 건전한 집단보다 비행 집단일수록 강하게 나타납니다.

특히 반항기의 청소년들일수록 자신이 저지른 일탈 행위에 죄책감보다, 금지된 것을 어겼다는 묘한 쾌감과, 자신은 남들과 다르다는 우월감을 느낍니다. 일탈 행위가 반복되면서 집단 내에서 위계가 정해지고 결속력이 강화됩니다.

소년원에서도 또래 문화의 이러한 부작용이 나타날 수 있습니다. 그래서 소년원에서 더 죄질이 나빠질 수 있다고 하는 것이고요. 소년원에 있었던 한 학생의 이야기를 들어 볼까요?

"소년원에 두 번 정도 들어온 아이들은 대우가 달라져요. 같은 나이라도 소년원에서 선배 대접 받고 왕처럼 지내죠. 벌을 받는다는 생각은 전혀 안 들어요. 오히려 나가서 술 한잔 하자며 친해지고 일탈만 더 심해지죠. 소년원은 벌을 받고 반성하는 곳이 아니에요."

(특수 강도 상해, 보호 감찰 2년, 김모 군, 18세)

곳에 모아 놓다 보면, 서로 어울리는 과정에서 범죄 환경에 더 노출되는 역효과가 일어나기도 합니다. 실제로 소년원을 나간 소년이 다시 범죄를 저지르고 소년원에 다시 들어오는 비율은 20퍼센트로 상당히 높습니다.

전문가들은 소년원이 본래의 목적을 달성하기 위해서는, 부족한 시설을 확충하고, 열악한 환경을 개선해야 하며, 교육 프로그램에도 질적인 변화가 필요하다고 지적하고 있습니다.

5
CHAPTER

소년법은 왜
논란이 되고 있을까?

소년 범죄의 흉악화와 저연령화, 지능화로 많은 사람들이 소년법 개정이나 폐지를 요구하고 있습니다. 그들은 현행 소년법이 소년 범죄에 제대로 대처하지 못한다고 생각합니다.

1997년

5월 27일 새벽, 일본 고베시(神戸市) 도모가오카 중학교 정문에 비닐 봉지가 걸려 있었습니다. 지나가던 시민이 이를 발견하고 열어 보니 사람의 머리가 들어 있었습니다. 머리의 주인은 사흘 전 행방불명된 11세 소년이었습니다. 비닐 봉지에는 범인이 쓴 편지도 들어 있었는데, 이렇게 적혀 있었습니다. '게임이 시작되었습니다. 우둔한 경찰 제군들이여, 나를 한번 막아 보시지요. 나는 살인이 즐겁다구.'

이 엽기적인 사건에 일본 열도는 충격에 휩싸였습니다. 며칠 후 한 신문사로 범인이 보낸 편지가 도착했습니다. 범인은 편지에서 자신의 이름을 '사카키바라 세이토'라고 밝혔습니다. 물론 거짓 이름이었습니다. 범인은 마치 즐거운 게임이라도 하듯 경찰과 언론을 상대하고 있었습니다. 일본 경찰은 범인이 보인 잔인함과 대담함으로 볼 때, 30대 남성일 것이라 추측했습니다. 하지만 한 달 후 범인을 체포하고 보니 앳된 얼굴의 14세 중학생이었습니다. 경찰 조사 결과, 이 어린 살인마가 그 전에도 다른 초등학생 한 명을 살해하고, 또 다른 초등학생 한 명에게는 중상을 입힌 사실이 밝혀졌습니다.

일본은 사형제가 유지되는 몇 안 되는 국가들 중 하나입니다. 범인이 저지른 살인 2건과 살인미수 1건은 사형 또는 최소한 무기 징역에 처해지는 범죄였습니다. 하지만 14세라는 나이가 그의 목숨을 구했습니다. 당시 일본 소년법은 16세 이하는 형사처벌할 수 없다고 규정하고 있었습니다. 범인은 사형장도 감옥도 아닌 의료 소년원에 들어가 8년간 정신과 치료를 받고 풀려났습니다. 풀려났을 때 그는 겨우 22세였습니다.

일본 사회는 부글부글 끓어올랐습니다. 가공할 범죄를 저지르고도 나이가 어리다는 이유로 제대로 된 처벌을 할 수 없는 소년법을 바꿔야 한다는 거센 원성의 목소리였습니다. 그리고 다음 해인 1998년, 뜨겁게 불붙은 일본 국민의 가슴에 기름을 들이붓는 사건이 발생했습니다.

1998년 1월 28일 일본 토치기현(栃木県)의 중학교에서 13세 소년이 양호실에 들렀다 수업에 들어갔습니다. 스물여섯 살의 여자 교사는 소년에게 왜 수업에 늦었냐고 꾸지람을 했습니다. 소년은 소지하던 칼을 꺼내 여교사를 찔렀습니다. 여교사가 쓰러지자 발로 걷어찼습니다. 여교사는 병원으로 후송된 지 한 시간 만에 숨졌습니다. 소년은 체포되었지만 역시 나이 때문에 형사처벌을 받지 않았습니다.

연달아 발생한 끔찍한 소년 범죄에 일본 국회도 결단을 내렸습니다. 2000년 일본 국회는 소년법을 개정해 만 16세 미만이던 형사처벌 연령을 14세로 낮추고 2007년에는 다시 12세로 더 낮추었습니다. 동시에 소년원에 보내는 연령도 14세 이상에서 12세로 낮추었습니다. 2014년에는 형사처벌 형량도 강화했습니다. 기존에는 18세 미만의 소년이 무기 징역에서 유기 징역으로 감형할 때 그 상한선이 15년이었지만 법을 개정하면서 20년으로 높였습니다. 또 5년에서 10년까지이던 일반 징역형의 범위도 5년을 늘려 10년에서 15년으로 상향 조정했습니다.

제자리걸음 중인 소년법

일본에서 소년법이 처음 만들어진 것은 1922년이었습니다. 영국과 미국의 법을 참고해서 만든 이 법은 소년범의 교화와 복지에 초점을 맞추고 있어서 일본인들은 '사랑의 법률'이라고도 불렀습니다. 1948년, 일본은 기존의 소년법을 대폭 수정해 새로운 소년법을 공포했는데, 지금의 한국 소년법도 이 법을 참고해서 만든 것입니다.

일본은 세계적으로 범죄율이 낮은 치안 선진국입니다. 물론 소년 범죄 발생 건수나 강력 범죄 비율도 낮은 수준이었습니다. 스스로를 '안전 신화'라 자화자찬하며 자부심을 가질 정도였습니다. 하지만 20세기 말, 강력한 소년 범죄가 잇달아 발생하면서 일본의 안전 신화는 흔들렸고, 이는 소년법 개정으로 이어졌습니다.

일본이 체험했던 그 사회적 진통을 오늘날 한국이 겪고 있습니다. 쉴 새 없이 보도되는 소년 범죄의 기사 속에 수식어처럼 따라 붙는 흉악화, 저연령화, 지능화라는 표현이라든지, 소년법을 폐지하거나 개정하라는 목소리가 뜨거운 것까지 10년 전 일본과 많이 닮았습니다. 그러나 국민 여론을 수렴해 소년법 개정에 들어간 일본과 달리 한국 정부나 국회의 모습은 아직까지는 잠잠합니다. 개정보다는 조금 더 지켜보자는 조심스러운 관망론이 우세한 것처럼 보입니다.

한국에서 소년법이 처음 제정된 것은 1958년입니다. 이후 수차례 개정을 거쳤지만 눈에 띄는 변화는 많지 않습니다. 소년 기준을 만 20세에서 만 19세로 낮춘 것과, 사형과 무기 징역의 하한 연령을 만 16세에서 만 18세로 높인 것, 그리고 소년원 송치 연령을 만 12세에서 만 10세로 낮춘 것 정도입니

▌ 2017년 발생한 부산 여중생 집단 폭행 사건 현장 모습. 잔혹함으로 국민들에게 큰 충격을 안
겨 주었다.

다. 소년범에 대한 형사처벌 강화 움직임은 없었습니다. 만 10세 이상 만 14세 미만의 촉법소년 연령은 1963년의 것이고, 미성년자 연령인 만 14세 미만은 1953년 형법을 제정한 이래 60년 넘게 한 번도 바뀌지 않았습니다. 소년법을 비판하는 사람들은 한국 정부의 느긋한 대응을 비판하며 현재 한국의 소년법은 시대에 뒤떨어졌다고 주장하고 있습니다.

범죄의 저연령화

왜 한국의 형사 미성년자 연령은 만 15세도, 만 13세도 아닌 만 14세 미만일까요? 만 14세는 대략 한국의 중학생 2학년 또는 3학년에 해당합니다. 기준이 무엇일까요? 다 같은 중학생인데, 왜 중학교 1학년은 형사 미성년자이고, 중학교 2학년부터는 형사처벌 대상이 되는 것일까요?

한국은 60여 년 전 형사 미성년자 연령을 규정할 때 일본의 법을 참고했습니다. 일본은 독일 법을 참고했습니다. 독일의 학제에 따르면 만 14세부터가 중학생입니다. 초등학생까지를 형사 미성년자로 인식한 독일식 관념이 일본과 한국에 이식되어 지금까지 유지되어 오고 있는 것입니다. 한국은 만 12세부터 중학생입니다. 따라서 만 14세 미만이라는 형사 미성년자 연령은 60여 년 전 서구의 학제를 모방한 것이어서 현재 한국식 교육 시스템과는 잘 맞지 않습니다. 속담에 10년이면 강산이 변한다고 합니다. 강산이 여섯 번 변할 동안 한국의 소년들에게도 큰 변화가 일어났습니다. 충분한 영양 공급으로 체구는 훌쩍 커졌고, 교육 수준은 높아졌으며, 도덕성과 가치관과 자의식에도 많은 변화가 있었습니다.

이를 증명하듯, 최근 촉법소년의 범죄가 급증하고 있습니다. 촉법소년들이 저지르는 범죄는 매년 1만 건 이상인데, 그중에서도 만 12세와 만 13세의 범죄율이 90퍼센트가 넘습니다. 소년법을 비판하는 사람들은 소년 범죄의 저연령화 현상을 지적하면서 소년법도 이에 맞춰 연령을 조정해야 한다고 주장하고 있습니다.

영악하고 지능적인 소년들

"미성년자이기 때문에 처벌이 가벼울 거라 생각했다."

2017년 1월, 전북 군산에서 22세의 지적 장애인 여성을 폭행하고 절도까지 강요한 16세 소년의 말이었습니다. 범죄를 저지르는 소년들은 잘 알고 있습니다. 형사 미성년자가 무엇을 뜻하는지, 자신들에게 주어진 권리가 어디까

▌ 상담가가 범죄 청소년들과 대화를 나누고 있다.

지이며, 그에 대해 자신들이 책임질 한계가 어디까지인지를 말입니다. 이러한 사실은 인터넷을 5분 정도만 검색해도 쉽게 알아낼 수 있습니다. 이는 소년 범들의 범죄에 대한 죄책감을 가볍게 하고 도덕관념을 희석시켜 그들의 행동을 더욱 대담하게 만듭니다.

소년 재판에서 내리는 보호 처분 중에는 보호 관찰이 있습니다. 법무부 공무원인 보호 관찰관이 일정 기간 교육과 상담을 통해 소년을 지도하는 것을 말합니다. 전국에는 10만 명이 넘는 보호 관찰 대상자가 있는데, 보호 관찰소는 16곳이고, 보호 관찰관은 약 120명입니다. 보호 관찰관 한 명이 약 130명의 소년범을 담당하고 있습니다. 일본은 1인당 43명이고, 호주는 1인당 17명에 불과합니다. 현실이 이렇다 보니 밀도 있는 보호 관찰은 기대하기 어렵습니다. 면담 시간도 일주일에 5분 정도로 "학교 잘 다녔어?", "그동안 사고 안 쳤지?" 등 형식적인 면담에 그치는 경우가 많습니다.

보호 관찰 기간 중에는 심야 외출을 금지하는 규정이 있습니다. 하지만 보호 관찰관이 매일 밤 그 많은 소년의 행동을 일일이 확인하는 것은 불가능합니다. 전화로 확인하는데, 영리한 소년들은 보호 관찰관이 언제쯤 전화하는지 파악해서 그 시간대에만 집에 있다가 통화가 끝나면 외출하는 일이 많습니다. 전화를 받지 않아도 대부분의 경우 보호 관찰관은 사무적인 보고에 그치거나 처벌을 내려도 소년원 수감이 전부이기 때문에 소년들은 그다지 두려워하지 않습니다. 이는 소년 재범률 증가로 나타났습니다. 소년 범죄자 3명 중 약 1명이 두 번 이상 범죄를 저지른 재범 소년입니다.

보호 처분 대상인 촉법소년의 숫자도 10년 사이에 두 배 가까이 증가하고 있습니다. 4범 이상 재범률도 2006년 6.1%에서 2015년 15.2%로 크게 증가했습니다. 심지어 그들 중에는 '다시는 그러지 않겠습니다.'라고 반성문을 쓰고 경찰서에서 풀려나자마자 범죄를 저지르는 소년들도 있습니다. 이에 대해 전문가들은 소년을 보호한다는 취지로 만든 소년법이 영악한 소년들에 의해 악용되고 있다고 보고 있습니다.

솜방망이 처벌

소년들의 범죄 건수는 최근 줄어들고 있지만 살인, 성범죄, 폭력 등 청소년 강력 범죄는 증가하는 추세입니다. 반면 이에 대한 처벌은 뜨뜻미지근하다는 비판이 제기되고 있습니다. 강력 범죄가 늘었는데도 형사 재판을 받고 감옥에 가는 소년범의 숫자는 오히려 줄어들고 있습니다. 2005년 427명이었던 소년 수형수는 2014년 131명으로 10년 만에 절반도 더 넘는 큰 폭으로 줄었습니다. 아예 재판을 받지 않고 풀려나는 **불기소 처분**을 받은 소년범의 비율도 늘어나고 있습니다. 검찰에 접수된 소년 사건 중 약 66%가 재판을 받지 않은 조건부 기소 유예와 보호 처분으로 종결됩니다. 19세 미만 소년범 가운데 기소돼 형사처벌을 받는 경우는 5% 정도입니다.

경찰은 범죄 소년이나 우범소년을 검찰이나 소년부 법원으로 보내 재판을 받게 할 권한이 있습니다. 하지만 그런 일은 자주 일어나지 않습니다. 경찰이 판단하기에 죄가 경미한 소년들은 몇 시간 훈육을 하고 풀어 주는 것(훈방 조치)이 일반적입니다. 통계에 의하면 경미한 죄를 짓고 체포된 소년 두 명 중 한 명이 훈방 조치됩니다. 아직 미성년자들이므로 엄하게 다루는 것보다는 관대함을 베푸는 것이 더 교육적이라는 판단 때문일 것입니다. 그러나 이런 관대함이 자칫 소년들로 하여금 범죄에 대한 경각심을 흐리게 만들어

범죄를 더 손쉽게 저지르게 할 수도 있다는 우려도 있습니다. 행동에는 책임이 따라야 한다는 것을 깨우쳐 주는 것도 중요한 교육인데, 관대함만이 능사가 아니라는 것입니다.

이런 솜방망이 처벌은 소년 재판에서도 확인할 수 있습니다. 법원 소년부에는 한 해 평균 약 4만 건의 사건이 접수되는데 그중 약 3만 건이 불처분이나 심리 불개시입니다. 처분이 내려지는 나머지 1만 건의 사건 중에도 가장 가벼운 1호 처분이 60%가 넘고, 가장 무거운 10호 처분은 800건 정도입니다. 소년법을 비판하는 사람들은 소년 범죄를 다루는 법 기관도 소년들에게 지

알아두기 국가별 형사 책임 최저 연령

나이	주요 국가
7세(32개국)	태국, 인도, 미얀마, 싱가포르, 카타르
8세(10개국)	인도네시아, 스리랑카, 케냐, 잠비아, 스코틀랜드
9세(6개국)	필리핀, 방글라데시, 에티오피아, 벨리즈
10세(18개국)	호주, 뉴질랜드, 스위스, 영국
12세(17개국)	캐나다, 네덜란드, 이스라엘, 모로코, 그리스
13세(18개국)	프랑스, 부룬디, 아이티
14세(40개국)	한국, 독일, 오스트리아, 일본, 대만
15세(8개국)	핀란드, 스웨덴, 노르웨이, 덴마크, 라오스
16세(14개국)	타지키스탄, 아르메니아, 몽골, 스페인, 쿠바, 마카오
18세(5개국)	룩셈부르크, 베네수엘라, 우루과이, 기니, 벨기에

1968년 5월 24일, 영국인 소녀 메리 플로라 벨은 이웃에 살던 네 살 소년 마틴 브라운을 목 졸라 살해했습니다. 당시 메리는 생일을 하루 앞둔 10세 소녀였습니다. '사람을 죽이는 느낌이 알고 싶어서'가 살인의 이유였습니다. 메리는 행방불명된 마틴을 찾아다니던 마틴의 어머니에게 가서 "마틴이 죽은 곳을 제가 알아요."라며 마틴의 시체가 있는 곳까지 데려다 주었습니다. 그때까지만 해도 영국 경찰은 이 어린 꼬마가 살인범일 거라고는 생각하지 못했습니다. 마틴의 장례식이 열리자 메리는 마틴의 집에 가서 슬픔에 잠긴 마틴의 어머니에게 "아들이 죽어서 그렇게 슬퍼요?"라며 깔깔 웃었습니다.

며칠 후, 메리는 두 번째 살인을 시도했습니다. 상대는 친구의 어린 남동생이었습니다. 하지만 아이의 아빠에게 들켜 실패로 돌아가자 화가 치민 메리는 '내가 마틴을 죽였어, 바보들아.'라는 쪽지를 남겼습니다.

얼마 후, 메리는 친구와 함께 세 살 소년을 목 졸라 살해했습니다. 그리고 숨진 소년의 몸을 가위로 자르고 칼로 마구 그었습니다. 경찰은 시체에 난 상처를 보고 범인이 어린이라는 것을 알게 됩니다. 경찰의 수사 끝에 메리와 그의 친구는 체포됩니다. 왜 아이들을 살해했느냐는 질문에 메리는 "그 아이는 엄마가 없으니까 죽어도 아무도 그리워하지 않을 거야."라고 대답했습니다. 메리를 진찰한 정신과 의사는 그녀가 사이코패스(죄를 저질러도 죄책감을 느끼지 못하는 사람)라고 진단했습니다.

살인을 했을 때 메리는 만 11세였고, 영국의 형사 미성년자 연령은 만 10세입니다. 결국 메리는 법원에서 종신형을 선고받았지만 12년 만에 가석방되어 풀려났습니다. 이후 메리는 자신의 살인 이야기를 담은 책《Cries unheard: why children kill(들리지 않는 외침: 왜 어린이는 죽일까)》을 출판했습니다. 소식을 들은 영국인들은 격분했습니다. 자신의 과거를 반성하기는커녕 그

것을 책으로 내서 돈을 벌려고 한 메리의 뻔뻔함에 영국인들은 책의 출판을 막아야 한다고 주장했습니다. 영국 정부도 이 책으로 메리가 돈을 버는 것을 막기 위해 노력했지만 허사로 돌아갔습니다.

나치게 관대하다고 주장하고 있습니다.

소년 범죄에 단호한 미국

소년법을 비판하는 사람들이 자주 언급하는 나라는 미국입니다. 미국은 소년 범죄를 포함한 모든 범죄를 엄격히 처벌합니다. 연방 국가인 미국은 연방 차원으로 통일된 소년법은 없습니다. 각 주(州)마다 다르게 소년법을 적용하고 있는데, 한국보다 처벌 기준이 훨씬 엄격합니다. 미국의 형사 미성년자 최저 연령은 대략 6세에서 10세입니다. 또 만 14세 이상은 무기 징역까지도 받을 수 있습니다. 한때는 소년범에게 사형도 실시했지만 2005년 연방대법원이 '그들은 통제할 수 없는 외부의 영향력에 취약한 성장 단계에 있다.'라며 위헌 판결을 내린 후 소년범에 대한 사형은 중지된 상태입니다.

또 미국은 세계에서 유일하게 미성년자에게 가석방 없는 무기 징역형을 선고했던 국가입니다. 우리나라 형법과 소년법에서 규정한 무기 징역형은 실제로는 가석방이 가능한 처벌입니다. 성인은 복역 기간이 20년, 소년은 5년이 지나면 가석방의 조건을 갖추게 됩니다. 미국은 죽어서야 교도소를 나올 수 있는 형벌을 내렸던 것입니다. 하지만 2016년 미국 연방대법원은 미성년자에게 가석방 없는 **종신형**은 위헌이라는 판결을 내렸습니다. 판결 당시 미국에는 약 2,500명의 소년 범죄자가 가석방 없는 무기 징역형을 선고받고 복역 중이었습니다.

간추려 보기

- 한국의 소년법은 일본 법을 참조해서 만들었다.
- 형사 미성년자 연령인 만 14세 미만은 1953년 형법을 제정한 이래 60년 넘도록 바뀌지 않고 있다.
- 미국은 소말리아와 더불어 국제연합이 정한 형사 책임 최저 연령 기준선을 지키지 않는 국가이다.

CHAPTER

엄격한 법이 범죄 예방에
도움이 될까?

엄벌주의는 엄한 처벌이 범죄를 예방한다는 이론입니다. 처벌이 무서워서 범죄를 저지르지 않을 거라는 것입니다.

두 대의
중고 자동차를 구입해서 두 곳에 갖다 놓습니다. 한 곳은 우범 지대, 즉 범죄 발생률이 높은 지역인 뉴욕의 브롱크스, 또 다른 곳은 스탠포드대학 주변의 조용한 주택가입니다. 몇 시간 후, 브롱크스에 세워 놓은 자동차로 주민들이 슬금슬금 다가오더니 차를 분해하고 배터리와 엔진 등 값나가는 부속품을 떼어 갔습니다. 주택가에 세워 놓은 자동차는 일주일 넘게 아무런 일도 일어나지 않았습니다. 심지어 차 주인이 차를 치우려고 하자 수상하게 여긴 주민들이 경찰에 신고까지 할 정도였습니다. 하지만 차 주인이 망치로 자동차 유리창을 조금 깨자 얼마 후 주민들이 슬금슬금 다가와 그 차를 부수기 시작했습니다.

1969년 스탠퍼드대학교의 심리학 교수 필립 짐바르도(Philip zimbardo)가 실제로 한 실험입니다. 이 실험은 평소 법을 잘 지키는 선량한 시민들도 주변 분위기나 환경 변화에 따라 얼마든지 범죄자가 될 수 있음을 보여 줍니다. 1982년 범죄 심리학자인 제임스 윌슨(James Wilson)과 조지 켈링(George Kelling)은 이 실험에서 힌트를 얻어 '깨진 유리창(Broken window) 이론'이라는 것을 발표합니다.

어떤 건물에 유리창이 깨졌습니다. 바람이 불어서 깨졌을 수도 있고, 골목

▋ 한 집에 유리창이 깨지면 연달아 다른 집도 깨질 수 있다는 '깨진 유리창 이론'. 우범 지대를 만드는 범죄의 연쇄 작용을 잘 설명해 주는 이론이다.

에서 야구를 하던 아이들이 그랬을 수도 있습니다. 중요한 것은 이 유리창을 어떻게 처리하느냐입니다. 얼른 유리창을 새것으로 갈아 끼우면 상관없지만, 귀찮아서 내버려 두면 문제가 커집니다. 며칠 후 다른 유리창도 깨집니다. 연쇄 반응처럼 이웃집 유리창도 깨집니다. 그리고 정해진 순서처럼 울타리가 무너지고, 정원에는 쓰레기가 날아와 쌓이고, 밤이 되면 불량배들이 그 앞을 어슬렁거립니다. 마을 사람들은 견딜 수 없어 하나둘 떠나고 마을은 우범 지대가 됩니다.

깨진 유리창 이론은 사소한 범죄라도 초기에 제대로 대처하지 못하면 심각한 결과가 초래된다는 것을 보여 줍니다. 호미로 막을 것을 가래로 막는다는 우리의 속담처럼 말이지요. 이것은 엄격한 처벌만이 범죄를 예방할 수 있다는 믿음, 즉 엄벌주의와 일맥상통합니다. 소년법을 비판하는 사람들은 소년 범죄가 흉악해진 것은 소년범들에게 지나치게 관대한 탓이라 주장합니다. 처음부터 어른들과 똑같은 기준으로 처벌했다면, 지금처럼 소년들이 겁 없이 날뛰지는 않았을 테니까, 결국 쓸데없는 관용이 지금의 사태를 만든 것이라고 주장하는 것입니다.

엄벌주의와 응보주의

이런 반응은 소년 범죄에서만 나타나지 않습니다. 예를 들어, 운전자 미숙으로 대형 교통사고가 발생하면 우리는 '운전면허 시험이 너무 쉬워서 그렇다.'며 운전면허 제도의 허술함을 공격합니다. 세상을 떠들썩하게 만든 연쇄살인 사건이 발생하면 '이게 다 사형을 안 시키니까 저런 놈들이 날뛰는 거야.'라며 사법 제도의 물렁함을 비난합니다. 한국은 사형 제도는 있지만 20년 넘게 사형을 실시하지 않고 있는 실질적인 사형 폐지국입니다.

사람들이 엄벌주의를 옹호하는 가장 큰 이유는 엄한 처벌이 범죄를 예방할 수 있다는 오랜 믿음 때문입니다. 이 믿음은 인류가 문명을 꽃 피웠을 때부터 인류 정신에 뿌리를 내리고 있었습니다. 3,700여 년 전, 중동의 바빌로니아 왕국(오늘날 이라크) 시대에는 다음과 같은 법이 있었습니다.

"살인을 한 자는 죽인다."

"어떤 사람이 다른 사람의 눈을 상하게 했으면, 그의 눈을 상하게 해야 한다."

"어떤 사람이 다른 사람의 이를 부러뜨렸으면, 그의 이도 부러뜨려야 한다."

'눈에는 눈, 이에는 이'로 유명한 **함무라비** 법전입니다. 내가 받은 피해만큼 상대방에게도 응징해야 한다고 해서 응보주의, 또는 동해보복법(同害報復

法)이라고도 합니다. 언뜻 이 법은 잔인해 보이지만 곰곰이 뜯어보면 꽤 합리적이라는 것을 알 수 있습니다. 당시는 피해를 입은 개인의 복수를 허용하던 시절이었습니다. 눈을 다친 사람이 상대방의 눈을 해치는 것으로는 분이 풀리지 않으면 다리도 부러뜨리고 목숨까지 뺏을 수 있습니다. 눈을 다치게 하라는 것은 눈만 건드리라는 뜻입니다. 국가가 개인이 복수할 수 있는 한계를 설정해 준 것입니다.

국가의 힘이 강해지고 형벌권(벌을 내릴 수 있는 권한)을 국가가 독점하면서 개인의 자의적인, 즉 자기 멋대로 하는 복수는 금지되었습니다. 오직 국가만이 법을 만들 수 있고, 국가만이 법을 어긴 죄를 판단할 수 있으며, 국가만이 범법자에게 벌을 줄 수 있게 되었습니다. 처벌 방식도 동해보복이 아닌 벌금, 곤장, 감옥 감금, 사형 등으로 바뀌었습니다. 처벌 방식이 달라졌을 뿐 그 내면에는 응보주의가 숨 쉬고 있습니다. 피해자를 대신해 국가가 응보(벌)를 내리는 것입니다. "당신이 한 짓을 생각해 봐! 지금 당신이 죄수복을 입고 감옥에 있는 것은 당신이 저지른 짓의 응보라구!"

알아두기 우리나라 최초의 응보주의 법률

고조선에는 8조 금법이라는 법률이 있었다. 8가지 죄에 대한 각각의 형벌을 규정한 것으로 오늘날의 형법이다. 현재는 8개 중 3개가 전해지고 있는데, '살인자는 사형에 처한다, 남의 신체를 상해한 자는 곡물로 보상한다, 남의 물건을 도둑질한 자는 물건 소유주의 노예가 되거나 돈을 내야 한다.'가 그것이다. 8조 금법은 고대의 전형적인 응보주의다.

18세기 독일의 철학자 **칸트**는 범죄자에게 형벌을 내리는 것은 정의를 실현하는 것이라고 주장했습니다. 칸트는 '섬 사람 이야기'라는 독특한 비유를 들어 이렇게 설명했습니다. "어떤 섬이 있습니다. 그 섬에는 법률도 있고 감옥도 있습니다. 그 감옥에는 사형 집행일을 기다리는 사형수가 한 명 있습니다. 어느 날, 섬 주민들이 모여 중대한 결정을 했습니다. 외딴 섬에 살기가 너무 힘드니 이 섬을 버리고 다른 곳으로 가기로 말입니다. 그럼 사형수는 어떻게 할까요? 섬을 버리고 떠나는 판국에 그깟 사형수 따위에 신경 쓸 이유가 있을까요? 그렇지 않습니다. 섬을 떠나기 전에 사형수는 예정대로 처형해야 합니다. 그것이 죄를 지은 사람에게 내리는 정의(응보)이며, 정의는 어떤 경우에도 예외가 있어서는 안 됩니다." 비슷한 시기의 철학자 **헤겔**은 한술 더 떠서, 범죄자들에게 형벌은 의무가 아니라 권리라고까지 주장했습니다.

응보주의는 인류의 가장 오래된 정의론입니다. 로마법 대전에는 '정의란 각자에게 각자의 몫을 주는 것'이라고 적고 있습니다. 자신이 저지른 죄에 대해 합당한 처벌을 주는 것이야말로 정의로운 현상일 것입니다. 다만, 어떤 것을 합당한 몫(처벌)으로 것인가가 오늘날 소년법 논쟁에서 풀어야 할 과제일 것입니다.

엄벌주의는 어떻게 범죄를 예방할까?

옛날에는 사형수들의 목을 잘라 장대 끝에 꽂은 후 사람들이 잘 보이는 곳에 내걸었습니다. 이를 효수(梟首)라고 합니다. 장대 끝에 꽂힌 그 모습이 마치 올빼미(梟)의 머리(首) 같다 해서 붙여진 이름입니다. 효수는 나라에 반역죄를 지은 자들에게 내리는 형벌이었습니다.

1884년 갑신정변을 일으켰다가 실패한 김옥균은 상하이로 도망갔지만 조선 정부가 보낸 자객에 의해 살해당한 후, 그 시체는 조선에 송환되어 목이 잘린 후 서울 거리에 효수되었습니다. 왕이 반역 죄인의 목을 효수하는 목적은 신하와 국민들에게 경고를 주기 위해서입니다. '자, 반역하면 어떤 꼴을 당하는지 잘 봤지? 그러니까 엉뚱한 마음먹지 말라구.'

《조선왕조실록 영조실록》은 '역적은 반드시 능지처참하고 그 머리는 3일간 저잣거리에 내걸며, 수족(팔다리)은 8도에 조리돌려야 한다.'라고 적고 있습니다. 이런 법 조항보다는 효수된 목을 보여 주는 것이 국민들에게는 훨씬 사실적으로 다가옵니다. 그래서 옛날에는 일부러 사람들을 모아 놓고 사형을 집행하는 공개 처형이 일반적이었습니다. 조선 시대 한성판윤(오늘날 서울시장)은 처형이 있는 날이면 부하들을 시켜 주민들을 동원하게 했는데, 만일 목표한 인원 수보다 적으면 엄한 문책을 받아야 했다고 합니다.

서양에서도 공개 처형은 흔한 일이었습니다. 중세 시대, 억울하게 마녀로 몰린 여자들의 화형식도 마을 사람들이 보는 앞에서 거행되었습니다. 18세기 프랑스 혁명 때, 국왕 루이 16세와 아내 마리 앙투아네트도 파리 시민들이 보는 앞에서 처형당했습니다. 국민들에게 형벌의 실체가 무엇인지 똑똑히 보여 줘서 공포감을 조성해 범죄를 예방하려 했던 것입니다. 19세기 초, 독일의 법 철학자 안젤름 폰 포이어바흐는 '범죄를 저질러 얻는 마음의 쾌감보다, 형벌의 불쾌감이 더 크면 사람들은 심리적으로 범죄를 저지르지 않게 된다.'라고 주장했습니다. 이것을 범죄 심리학에서는 예방론이라고 합니다.

엄벌주의의 한계

예방론에는 두 가지가 있습니다. 첫 번째는 아직 범죄를 저지르지 않은 보통 사람들에게 형벌의 무서움을 인식시키는 것입니다. 두 번째는 이미 죄를 짓고 복역 중인 죄수가 나중에 석방되더라도 다시 죄를 짓지 않도록 하는 것입니다. 자유가 없고 외부 세계와 차단된 감옥 생활은 무척 힘듭니다. 그 고통이 죄수들로 하여금, '끔찍해! 두 번 다시 이런 곳에 들어오고 싶지 않아!'라는 생각을 갖게 해서 범죄자의 인격을 교정하고 **출소** 후 재범도 막을 수 있다는 것입니다.

강한 형벌은 모든 범죄를 예방할 수 있을까요? 평소 법을 잘 지키는 국민들에게는 이런 방식이 꽤 잘 먹힐지도 모릅니다. 아니, 애초에 법 없이도 살수 있는 선량한 시민들이라면 굳이 그런 자극적인 수단이 필요 없을 것입니다. 게다가 범죄를 계획한 이들 중에는 '나의 계획은 완전 범죄야, 따라서 들키거나 체포될 일 따위는 없다구!'라며 자신만만한 사람도 많기 때문에 그들이 형벌이 두려워서 계획을 포기하는 일은 많지 않을 것입니다.

강한 형벌이 죄수들의 재범을 예방할 수 있다는 이론에도 허점이 있습니다. 볼펜을 훔친 죄로 체포된 남자가 있다고 가정해 봅시다. 사실, 그는 볼펜을 훔치지 않았습니다. 지우개를 고르고 있었을 뿐인데, 경찰이 범인인 줄알고 체포한 것입니다. 아무튼 그는 재판에서 6개월 형을 선고받았습니다. 그는 자신이 결백하다고 확신하기 때문에 죄를 뉘우치지 않습니다. 이 이론대로라면, 그는 재범 가능성이 높은 '위험 인물'이기 때문에 국가는 그가 반성할 때까지 감옥에 가둬야 합니다. 6개월이 60년이 되더라도 말입니다.

반대의 경우도 생각할 수 있습니다. 살인을 저지르고 10년 형을 받은 흉악범이 있습니다. 그는 1년 만에 자신의 죄를 뉘우치고 새 사람이 되었습니다. 그렇다면 국가는 그를 1년 만에 석방해야 할까요? 피해자를 비롯해 대다수 국민들의 법 감정이 그 죄수의 석방을 용납하지 않을 것입니다. 예방론은 이런 한계를 갖고 있습니다.

경찰을 늘리면 범죄율이 줄어들까?

처음 가 보는 낯선 길을, 그것도 늦은 밤에 걸으면 누구나 불안합니다. 그때, 저 멀리서 번쩍이는 경광등을 지붕에 단 순찰차가 다가오면 비로소 안심을 합니다. 이사를 할 때, 집 근처에 파출소나 지구대가 있으면 '아! 이 동네는 안전하겠구나.' 하는 생각부터 듭니다. 이런 믿음은 경찰은 곧 치안이

❙ 영국의 한 축제에서 경찰이 눈에 잘 띄는 복장을 한 채로 순찰 중이다.

라는 등식이 머릿속에 공식으로 자리 잡았기 때문입니다. 그래서 이렇게 생각할 수도 있습니다. 순찰차 한 대, 경찰 한 명의 존재만으로도 이렇게 든든한데, 경찰의 숫자가 늘면 범죄율이 줄어들지 않을까? 반대로 경찰의 숫자가 줄어들면, 범죄율은 늘어나지 않을까?

역사적으로 유명한 경찰 파업은 세 번 있었습니다. 1919년 미국 보스턴에서, 1969년 캐나다 몬트리올에서, 1979년 핀란드에서 경찰이 파업에 들어갔습니다. 결과는 우리가 예상한 대로였습니다. 세 도시의 범죄율은 모두 상승했습니다. 특히 몬트리올에서는 은행 강도가 평소보다 50배 이상, 상점 절도는 14배 이상 늘어났습니다. 하지만 이 사례만으로 경찰의 숫자가 범죄율에 영향을 미친다고 확신할 수는 없습니다. 1973년 미국 캔자스시티에서 한 가지 실험을 했습니다. 순찰 구역 셋 중 한 곳은 경찰 숫자를 평소보다 두 배 이상 늘리고, 또 한 곳은 평소와 같은 수의 경찰을 투입하고, 나머지 한 곳은 아예 순찰을 돌지 않았습니다. 그랬더니 세 구역의 범죄율이 비슷했습니다.

전문가들은 이 현상을 다음과 같이 분석합니다. 대부분의 범죄는 치밀한 계획보다는 즉흥적으로 이루어지는 경우가 많고, 범죄자들은 체포되어 감옥에 갈지도 모른다는 두려움보다는, 범죄로 얻는 금전적 이득이나 정신적 쾌락을 더 중요시한다는 것입니다. 우리나라의 한 기관에서도 경찰 숫자가 범죄율에 어떤 영향을 미치는지 실험한 적이 있습니다. 둘은 별로 상관 관계가 없다는 결론이 나왔습니다.

엄격한 법과 사회

엄벌주의를 지지하는 사람들은 입버릇처럼 싱가포르를 예로 듭니다. 싱가포르는 2017년 영국 기관이 발표한 안전한 도시 지수에서 일본의 도쿄 다음인 2위를 차지했습니다. 다른 나라에서는 흔한 범죄인 소매치기와 주거 침입, 강도 사건이 135일 연속 한 건도 발생하지 않은 적도 있습니다. 싱가포르의 치안의 힘은 엄격한 법에서 나옵니다. 침을 뱉어도 벌금을 내야 하며, 무단 횡단을 하면 징역 3개월에 처할 정도로 법이 엄합니다. 여기에 사형 집행 비율은 세계 1위입니다.

이런 사회가 과연 다른 국가들이 모범으로 삼을 만큼 이상적인 사회인지는 의견이 분분합니다. 대체로 형벌이 엄격한 나라일수록 인권은 그에 반비례하는 경향이 있습니다. 싱가포르는 부유한 나라지만 인권과 언론을 탄압하는 국가입니다. 2016년 발표된 세계 자유 언론 순위에서 싱가포르는 154위였습니다. 북한은 179위, 한국은 70위였습니다. 또 싱가포르에서는 다른 나라에서 당연한 권리로 인정되는 범죄자의 묵비권(범인이 경찰의 질문이 자신에게 불리하다고 생각되면 대답하지 않을 수 있는 권리)이 인정되지 않습니다. 범죄자들은 조선 시대에나 존재했던 곤장과 비슷한 태형을 받습니다. 옷을 벗긴 후, 장 파열을 막기 위해 죄수의 허리에 벨트를 채우고 나서 집행 교도관이 엉덩이를 때립니다. 한 대만 맞아도 고통이 어마어마해 죄수가 실신할 수 있기 때문에 의사가 늘 대기해야 합니다.

형벌이 엄격하다고 그 나라의 치안이 반드시 좋다고 말할 수는 없습니다. 미국은 싱가포르 다음으로 형벌이 엄한 국가지만 치안 수준은 세계 30위권 밖입니다. 2016년 한 비정부기구(NGO)가 발표한 세계에서 가장 위험한 도시 50곳 중 4곳이 미국 도시였습니다. 오히려 미국이나 싱가포르보다 법이 훨씬 부드러운 북유럽 국가들이 치안에서 높은 점수를 받았습니다. 엄한 형벌이

범죄를 예방할 수 있다는 이론은 아직 확실히 증명되지 않았습니다.

　범죄율을 낮추기 위해서 형벌이 엄해야 한다면, 우리나라도 싱가포르처럼 거리에 침만 뱉어도 곤장을 때리거나 감옥에 보내야 할 것이고, 장발장처럼 빵 하나만 훔쳐도 5년쯤 감옥에서 살게 해야 합니다. 감옥은 죄수들로 넘쳐 날 것입니다.

　법은 자신이 책임질 수 있는 만큼의 처벌만 받도록 규정하고 있습니다. 이를 책임 원칙이라고 합니다. 단지, 다른 사람들에게 법의 매서움을 보여 주기 위한 본보기로, 내가 책임질 수 있는 한도를 넘어선 처벌을 받는다면 책임 원칙을 위반하는 것입니다. 소년법 개정에 얽힌 논쟁에서도 이 원칙이 참고가 되어야 할 것입니다.

엄벌주의는 왜 여전히 인기가 좋을까?

그럼에도, 많은 사람들은 여전히 엄벌주의를 신뢰하고 있습니다. 한때 엄벌주의는 잔인하고 비인간적이라는 이유로 사람들의 외면을 받았습니다. 1980년대부터 세계 곳곳에서 범죄율이 치솟기 시작했습니다. 청소년 범죄의 심각성이 사회적 문제로 대두되고 2001년 발생한 9.11 테러를 시작으로 프랑스, 스페인, 영국 등지에서 이슬람 무장 단체에 의한 테러가 동시 다발적으로 발생했습니다. 위기감을 느낀 국민들은 엄벌주의를 다시 요구했습니다. 역시, 구관이 명관이었던 것입니다.

엄벌주의는 장점이 뚜렷한 정책입니다. 범죄율을 낮추고 안전한 사회를 만들겠다는 정책을 마다할 국민은 그리 많지 않습니다. 엄벌주의가 범죄율에 큰 영향을 주지 못한다는 통계 수치도 국민들의 기억 속에서 사라진 지 오래입니다. 대부분의 국민은 평범한 소시민입니다. 그들은 아침에 집을 나설 때마다 '오늘도 무사히!'를 주문처럼 빌면서 안전을 갈망합니다. 그런 국민들에게 불량배를 단속하고, 부정부패를 뿌리 뽑고, 범죄를 소탕하겠다는 정부의 정책은 매번 대단히 매혹적인 유혹입니다. 국민들은 또 한 번 속는 셈 치고 그 정책을 지지합니다. 국민의 그런 속성을 꿰뚫고 있는 정치인들에게 엄벌주의는 자신들의 권력을 유지하거나 강화하는 좋은 수단입니다.

1990년 노태우 대통령은 범죄와의 전쟁을 선포했습니다. 전국적으로 인신매매와 납치, 조직 폭력배 문제가 심각해지자 정부는 조폭들을 소탕하겠다고 선언했습니다. 이 정책은 국민들의 큰 지지를 받았습니다. 한 통계 조사에 따르면, 국민의 92퍼센트가 이 정책을 지지했습니다.

2016년 6월 필리핀 대통령이 된 두테르테는 마약과의 전쟁을 선포했습니다. 당시 필리핀은 마약 문제로 심각한 골치를 겪고 있었습니다. 두테르테는 마약을 소탕하기 위해 강경한 정책을 실시했습니다. 마약 사범이 보이면 경

사례탐구 뉴욕과 볼티모어의 환경 개선 작업

20세기 후반까지 뉴욕 지하철은 세계에서 가장 지저분하고 위험한 곳이었습니다. 역사와 플랫폼은 노숙자들의 오물과 배설로 악취가 진동했고, 철로에는 살찐 쥐들이 마구 뛰어다녔으며, 벽과 지하철 내부는 낙서투성이였습니다. 그곳에서 무임승차와 같은 소소한 범죄부터 살인과 강도, 성폭력과 같은 강력 범죄가 끊임없이 발생했습니다.

1994년 1월, 뉴욕 경찰청장 윌리엄 브래턴은 범죄의 온상처럼 된 뉴욕 지하철을 개혁하기 위해 깨진 유리창 이론을 이용했습니다. 낙서를 지우고, 쓰레기를 치웠습니다. 얼마나 낙서가 많았는지 지우는 데 만 5년이 걸렸습니다. 노상 방뇨와 무임승차도 철저하게 단속했습니다. 지하철이 조금씩 깨끗해지자 거짓말처럼 범죄 건수도 서서히 줄어들었습니다. 2000년이 되었을 때, 뉴욕 지하철의 범죄 건수는 70% 이상 감소했습니다.

비슷한 일은 볼티모어에서도 일어났습니다. 1990년대까지 볼티모어도 뉴욕 못지않게 높은 범죄율로 악명 높은 도시였습니다. 경기 침체로 버려진 집이 늘어나면서 그곳으로 마약 중독자와 노숙자, 범죄자 들이 모여들었고, 이것이 다시 범죄율을 상승시키는 악순환의 고리에서 벗어나지 못하고 있었습니다. 1993년 볼티모어 경찰국장 토머스 프레지어는 이 악순환을 끊기 위해 대대적인 환경 미화 작업에 착수했습니다. 버려진 집은 출입을 금지하고, 깨진 가로등을 보수하고 쓰레기를 치웠습니다. 2년이 지나자 볼티모어의 강력 범죄 발생 건수는 절반으로 확 줄었습니다.

찰은 물론 일반인에게도 사살권을 부여했습니다. 마약 사범의 목에는 현상금도 내걸었습니다. 아무리 마약 사범이라고 해도 법에 따라 일단 체포를 하고 재판을 받을 수 있도록 해 주어야 하지만, 두테르테는 그런 절차를 무시했습니다. 취임 나흘 만에, 마약 사범 30명이 사망했고 6개월 후에는 5천 명이 사망했습니다. 사망자들 중에는 평범한 시민도 많았습니다. 세계의 인권 단체로부터 항의가 쏟아졌습니다. 비상식적이고 초법적인 방식인데도 필리핀에서 두테르테의 지지도는 대단히 높습니다. 약 80퍼센트의 필리핀 국민이 두테르테를 지지하고 있습니다. 사회가 혼란스럽고 범죄에 대한 국민들의 증오가 커질수록 엄벌주의에 대한 국민들의 수요는 높아질 것입니다.

간추려 보기

- 깨진 유리창 이론은 사소한 범죄라도 초기에 잘 대처하지 못하면 심각한 결과가 초래되는 것을 설명하는 이론이다.
- 응보주의는 가장 오래된 정의 이론이다.
- 사회가 혼란하고 범죄율이 증가하면 엄벌주의의 수요는 높아진다.

회복적 정의는 엄벌주의의
대안이 될 수 있을까?

7
CHAPTER

회복적 정의는 범죄를 관계에 대한 침해로 해석한다. 그래서 사법적 형벌만으로는 충분하지 않고, 피해자와 가해자의 화해를 통해 관계를 회복해야 한다고 주장한다.

2017년 가을, 각종 여론 조사 기관은 경쟁이라도 하듯 소년법 설문 조사 결과를 발표했습니다. 대부분의 국민이 예상한 대로, 소년법을 폐지하거나 강화해야 한다는 응답이 압도적이었습니다. 폐지와 개정에 찬성한다는 비율이 90%가 넘는 조사 결과도 있었습니다. 반면 시민단체나 언론인들 사이에서는 소년법 폐지나 개정에 반대하는 의견이 좀 더 많았습니다. 실제 입법을 담당하는 국회의원들은 의견이 대략 반반으로 나뉩니다. 국민 여론과의 온도 차이를 느낄 수 있는 대목입니다. 소년법 폐지에 반대하는 사람들도 소년 범죄의 심각성은 어느 정도 인정하고 있습니다. 그렇다고 소년법 폐지나 개정이 그 해결책이 될 수 없다고 주장합니다. 그 대안으로 그들이 내세우는 것 중 하나가 회복적 정의입니다. 우리에게는 아직 낯선 개념이지만 꽤 많은 나라에서 이 이론을 소년법에 접목하고 있는 추세입니다.

소외된 피해자

범죄에는 가해자가 피해자가 있습니다. 과거 응보주의 시대에는 피해자가 가해자에게 복수를 할 수 있었습니다. 국가는 그 복수의 정도가 지나치지만 않다면 둘 사이에 개입하지 않았습니다. 그것이 피해자가 입은 상처를 치유할 수 있는 유일한 방법이었습니다. 하지만 국가가 형벌권을 독점한 후부터는 그것이 불가능해졌습니다.

국가는 피해자를 대신해 가해자에게 벌을 내리지만 그것이 늘 피해자를 만족시킨 것은 아니었습니다. 판사가 선고한 형벌이 충분히 엄격하다고 해서 피해자의 상처가 치유되는 것도 아닙니다. 적절하고 공정한 처벌은 피해자가

알아두기 "나는 이렇게 괴로운데, 어떻게 그 사람은……."

몇 년 전, 여자는 유괴범에게 아이를 잃었습니다. 범인은 아이가 다니던 유치원 원장이었습니다. 고통으로 몸부림치던 그녀는 교회에 다니면서 조금씩 안정을 찾기 시작했습니다. 어느 날, 그녀는 교도소로 범인을 면회하러 갔습니다. 원수를 사랑하라는 성경의 구절처럼, 어쩌면 아이를 죽인 범인도 용서할 수 있을지도 모른다는 생각이 들었습니다. 죄수복을 입은 범인은 덤덤한 얼굴로 여자에게 말했습니다. 자신은 이미 하나님의 용서를 받았고, 그래서 지금은 마음이 아주 편안하

▋ 영화 〈밀양〉 속 한 장면.

고. 교도소를 나온 여자는 충격으로 실신합니다. 그녀는 말합니다. "나는 이렇게 괴로운데, 어떻게 그 사람은 용서를 받고 구원을 받을 수 있는 거지요?"

– 영화 〈밀양〉 중에서

▌ 관계 회복이 목적인 회복적 정의는 엄벌주의의 대안이 될 수 있을까?

받은 상처를 공감하고 치유하는 데 필요조건이지 충분조건이 아닙니다.

철수가 친구인 명국이를 살해했습니다. 명국이의 부모는 철수를 고소했습니다. 그들은 몹시 슬프고 분노했지만 그들이 할 수 있는 일은 거기까지입니다. 지금부터는 국가 공무원인 경찰과 검찰이 그들을 대신하기 때문입니다. 경찰은 검사에게 이 사건을 송치했습니다. 철수가 재판을 받을지 말지를 결정하는 권한은 검사에게 있기 때문입니다. 중대한 사건이라고 판단한 검사는 재판을 신청했습니다. 재판장에서 검사는 철수를 엄하게 처벌해야 한다고 판사를 설득합니다. 판사는 철수에게 징역 5년을 선고했습니다. 한편, 방청석에서는 명국이의 부모가 이 모습을 끝까지 지켜보고 있었습니다.

지금 명국이 부모는 재판에서 밀려나 방청석에 앉아 있습니다. 분명히 피해자는 그들인데, 검찰(검사)이 피해자인 양 범인에게 벌을 내려야 한다고 주장하고 있습니다. 그런데 응보주의에 따르면, 이상한 일이 아닙니다. 검사는 국가 공무원입니다. 살인을 하지 말라는 법은 국가가 만들었는데, 철수가 그 법을 위반했습니다. 살인은 국가 공권력에 대한 '발칙한 도전'이고 '사법권의 침해'입니다. 국가 역시 피해자인 것입니다.

국가(검사)는 판사가 판결한 징역 5년에 동의했습니다. 그 정도면 국가가 입은 사법권 침해에 대한 적절한 처벌이라고 판단한 것입니다. 철수도 5년형 판결에 동의했습니다. 그래서 **항소**하지 않기로 했습니다. 5년이면 자신이 저지른 죄의 대가로 충분하다고 생각한 것입니다.

문제는 명국이네 가족입니다. 그들 역시 이 판결에 만족할 수 있을까요? 그것으로 가족을 잃은 상처가 치유될 수 있을까요? 전철에서 발을 밟아도 "미안합니다."라고 사과하는 것이 상식입니다. 하지만 명국이네 가족은 아직 철수로부터 사과의 말을 듣지 못했습니다. 영화 〈밀양〉의 여자처럼, 피해자는 여전히 고통으로 몸부림치는데, 국가와 가해자는 자신들은 할 만큼 했다고 생각하고 있는 것은 아닐까요?

사과한 소년들

1974년 캐나다 온타리오주의 작은 마을 엘마이라에서 술에 잔뜩 취한 두 명의 소년이 마을을 돌아다니며 난동을 부리기 시작했습니다. 그들은 창문을 깨고, 자동차 타이어를 마구 찢었습니다. 그날 밤, 스물 두 곳의 집이 피해를 입었습니다. 다음 날, 경찰은 둘을 체포했고 보호 관찰관에게 신변을 인계하였습니다. 당시 캐나다는 엄벌주의를 실시 중이었고, 소년들은 만 18세 이하였습니다. 법의 성격과 소년들의 나이, 피해 규모를 고려하면 재판에서 징역형이 선고될 가능성이 대단히 높았습니다.

소년들을 담당한 보호 관찰관 마크 얀치는 판사에게 보내는 보고서 뒷면에 다음과 같은 의견을 적었습니다. "이 소년들이 피해자와 직접 만나는 것이 치유 방법으로 좋을 것 같다."

전례가 없었지만 판사는 얀치 씨의 의견을 받아들여 가해 소년들이 피해자의 집을 찾아다니며 용서를 빌도록 허락했습니다. 소년들은 처음에는 "우리가 왜 그래야 하냐?"며 못마땅해했습니다. 얀치 씨는 "저들은 너희들 때문에 피해를 입은 사람들이다. 그들을 만나 잘못했다고 사과해야 한다."라고 설득했습니다.

가해자인 소년들에게나, 피해자인 주민들에게 이것은 매우 어색한 일이었습니다. 하지만 소년들의 사과 방문에 주민들은 마음을 조금씩 열었고, 소년들도 죄책감을 씻어 낼 수 있었습니다. 이는 캐나다 사법 역사에서 분기점이 되는 중요한 사건이었습니다. 이를 계기로, 피해자와 가해자가 화해할 수 있는 세계 최초의 프로그램이 만들어졌습니다. 이것을 회복적 정의라고 부릅니다.

회복적 정의

회복적 정의라고 하면 '처음 듣는데, 새로운 이론인가?'라고 생각하겠지만, 사실은 꽤 역사가 있는 사상입니다. 고대 아라비아와 그리스·로마 제국, 게르만족의 공공 집회에까지 거슬러 올라가야 그 사상의 뿌리를 찾을 수 있습니다. 옛날 사람들은 집단 내에서 어떤 다툼이나 갈등이 생기면 재판을 열기보다는 당사자끼리 해결하려고 노력했습니다.

"그때, 왜 우리 집 양을 잡아먹었어?"

"음, 그게, 그때 너무 배가 고파서."

"그럼 내게 말을 했어야지. 그랬으면 너를 때리지 않았을 텐데."

"미안하다."

"나도 때린 것 미안하다."

조선 시대의 향약도 대표적인 회복적 정의의 사례입니다. 향약은 권선징악과 상부상조를 목적으로 만들어진 마을 자치 규약인데, 마을에서 도난이나 폭행 등의 사건이 발생하면 사건 당사자와 나이가 지긋한 노인들이 모여서 야단칠 것은 야단치고, 사과하고 배상할 부분을 결정했습니다. 뉴질랜드의 원주민 마오리족도 공동체에서 범죄가 발생하면 가해자와 피해자를 세워놓고 부족민들이 모두 둘러앉아 한 마디씩 말을 하면서 해결 방안을 찾았습니다. 이후, 응보주의가 득세하면서 회복적 정의는 조금씩 밀려났고, 언제부터인가 사람들의 기억 속에서 사라졌습니다.

회복적 정의가 다시 주목받은 것은 1970년대부터입니다. 처음 이 용어를 사용한 사람은 미국인 학자 앨버트 애글래쉬였습니다. 애글리쉬는 형사 사법에는 3가지가 있는데, 첫 번째가 응보적 정의, 두 번째는 범죄자의 치료에 기초한 **분배적 정의**, 마지막이 손해배상 또는 타인에게 입힌 피해를 최대한 복구하는 회복적 정의라고 말했습니다.

관계의 회복

처벌 중심의 응보주의(엄벌주의) 관점에서 보면, 범죄란 국가의 공권력에 대한 침해였습니다. 그래서 국가는 범죄자를 처벌하는 데만 모든 노력과 신경을 기울입니다. 처벌은 가해자를 응징하고 교화할 수 있는 거의 유일한 수단입니다. 가해자의 가정 환경이나 주변 환경은 가해자가 저지른 범죄의 원인이 되지 못합니다. 그가 불우한 가정에서 태어나 충분한 사랑을 받지 못한 것과 범죄에 노출된 우범 지대에서 성장한 사실 따위는 그가 저지른 범죄에 별다른 영향을 미치지 못합니다. 왜냐하면 범죄의 책임은 환경이 아닌 온전히 범죄자 자신에게 있기 때문입니다. 이것이 범죄를 바라보는 전통적인 시각이었습니다.

반면, 회복적 정의는 범죄를 관계에 대한 침해라고 해석합니다. 한 사람이 다른 사람에게 범죄로 입힌 피해를, 관계를 깨뜨린 행위로 파악합니다. 그래서 가해자는 관계 회복을 위해 피해자가 상처를 치유할 때까지 노력해야 합니다. 찾아가서 사과하고, 필요하다면 비용까지도 부담해야 합니다. 그것이 진정한 속죄입니다. 이를 통해 피해자가 치유되면 비로소 '관계는 회복'된 것입니다. 피해자의 회복에는 가해자는 물론, 지역 사회와 공동체도 참여할 의무가 있습니다. 가해자와 피해자 그리고 지역 사회는 연결된 하나의 몸통이기 때문입니다.

쉬운 일은 아닙니다. 시간도 많이 걸리고 감정의 골이 깊은 피해자와 가해자가 닫힌 마음을 열고 손을 잡는 것은 결코 간단히 해결될 일이 아닙니다. 범죄로부터 피해를 입은 사람을 지원하는 영국 단체 '회복을 위한 정의 공동체(Restorative Justice Consortium)' 대표 토니 마샬은 말했습니다. "회복적 정의란 특정한 범죄에 연루된 모든 당사자들이 함께 모여 범죄가 미치는 영향과 그것이 미래에 가져올 의미를 어떻게 다룰 것인지 공동으로 해결하기 위한 과정이다."

외국의 회복적 정의 사례

일본은 2008년부터 '피해자 심정 전달 제도'를 실시하고 있습니다. 보호 관찰 대상자로부터 피해를 입은 사람이 신청을 하면 보호관찰소장이 상황을 구체적으로 조사한 후 보호 관찰 대상자에게 전달합니다. 가해자 때문에 누군가 이런 고통을 겪고 있다는 것을 알려주는 것입니다.

싱가포르는 옐로 리본 프로젝트(Yellow Ribbon Project)를 실시하고 있습니다. 옐로 리본이란 명칭은 감옥에서 출소한 애인을 환영하기 위해 노란 리본을 떡갈나무에 걸었다는 어느 팝송에서 힌트를 얻은 것입니다. 팝송 가사 내용대로, 교도소에서 복역을 마친 사람의 사회 복귀를 돕자는 운동입니다. 한국은 2007년 이 제도를 **벤치마킹**해 '희망 등대 프로젝트'라는 프로그램을 실시한 적이 있습니다.

사회주의 국가인 중국은 2012년 형사 화해 제도라는 법을 제정해 범죄 피의자가 피고인에게 진심으로 사과하고 죄를 뉘우치고 손해를 배상하는 모습을 보여 당사자들 간에 화해하도록 돕고 있습니다. 한국은 2007년부터 서울지방교정청에서 '피해자에게 사과 편지 보내기' 프로그램을 실시하고 있습니다. 2005년에는 범죄 피해자 보호법이 제정되어 그동안 재판에서 외면당했던 범죄 피해자가 법적 절차에 참여할 권리가 강화되었습니다. 아직은 회복적 사법이 기존 응보주의 중심의 사법 제도를 대체하지는 못합니다. 우리나라는 형사 사법을 보완하는 수준에 그칩니다.

회복적 사법의 의의는 그동안 소외된 피해자에게는 회복의 가능성을, 가해자에게는 용서받을 기회를 주는 데 있습니다. 응보주의를 지지하는 사람들은 회복적 정의의 비중이 커지면 법 질서가 문란해져 범죄율이 늘어날 수

사례탐구 피해자 부모의 헌법소원 심판 청구

2001년 4월 23일, 경기도의 한 초등학교 1학년 소녀는 자신보다 다섯 살이 많은 6학년 학생 9명으로부터 집단 구타와 성폭행을 당했습니다. 소녀의 아버지는 소년 아홉 명을 성폭력 범죄의 처벌 및 피해자 보호 등에 관한 법률 위반 혐의로 고소했습니다. 담당 검사는 소년들이 형사 미성년자라는 이유로 '죄가 없음'이라고 대답했습니다. 소년의 아버지는 이에 반발했습니다. 당시 소년들이 나이는 12세, 13세였습니다. 소녀의 아버지는 소년들이 촉법소년이기 때문에 소년 재판을 받을 수 있는데도 죄가 없다며 불기소 처분을 한 것은 부당하다며 항고와 재항고를 했습니다. 하지만 둘 다 기각되었습니다. 그러자 소녀의 아버지는 만 14세 미만은 형사 미성년자라는 조항은 헌법이 규정한 평등권을 침해한다고 생각해 헌법재판소에 헌법소원 심판을 청구했습니다. 헌법재판소는 소녀의 아버지가 청구한 헌법소원 심판에 대해 합헌, 그러니까 현재 형법은 문제가 없다고 결정했습니다. 비록 헌법재판소는 합헌이라고 결정했지만, 헌법재판소 재판관 중 한 명은 꽤 의미심장한 말을 보충 의견으로 제시했습니다.

"합헌이라는 의견에는 찬성하나 최근 조기 교육의 활성화와 교육 제도의 발달, 물질 풍요 등으로 인간의 정신적, 육체적 성장 속도가 점점 빨라지고 있으며 범죄의 저연령화, 흉포화 등이 문제 되는 현실을 고려하면 통상 중학교 1, 2학년의 소년에 해당하는 14세 미만이라는 책임 연령은 이제는 현실적으로 높다고 하지 않을 수 없다."

이 사건이 있고 5년 후인 2007년 촉법소년 하한 연령은 12세에서 10세로 인하되었습니다. 사건 당시 촉법소년의 연령은 만 12세 이상 만 14세 미만이었습니다.

있다고 걱정합니다. 회복적 정의를 지지하는 사람들은 단지 범죄자를 사회로부터 격리시키는 것일 뿐인 응보주의는 가해자나 피해자 모두에게 도움이 되지 않는다고 반박합니다. 둘 다 장점과 단점이 있으며 서로 대립이 아닌 보완 관계입니다. 가정으로 비유하면, 엄벌주의가 엄한 아버지의 모습이라면, 회복적 정의는 자상한 어머니의 역할인 것입니다. 어느 한쪽으로 치우치지 않고 균형점을 찾아낼 때, 보다 진보된 사법 정의가 실현될 것입니다. 현재 논란 중인 소년법의 경우도 마찬가지일 것입니다.

간추려 보기

- 과거 응보주의 시대에는 피해자가 가해자에게 복수를 할 수 있었으나, 국가가 형벌권을 독점하면서 그것이 불가능해졌다.
- 조선 시대, 상부상조의 목적으로 만들어진 향약도 대표적인 회복적 정의의 사례다.
- 현재 여러 나라에서 회복적 정의를 사법 절차에 도입하고 있다.

용어 설명

가석방 징역 또는 금고형을 받은 죄수 중에 서 성실하게 복역하고 반성의 기미가 뚜렷한 경우 일정한 조건하에 임시로 석방하는 제도.

검사 형사 소송에서 원고로서 검찰권을 행사하는 사법관.

경국대전 조선시대의 기본 법전으로 조선은 개국과 더불어 이 법전의 편찬에 들어가 고려 말 이래의 각종 법령 및 판례법과 관습법을 수집해 1397년에 《경제육전 (經濟六典)》을 제정, 시행했다.

계몽주의 16세기부터 18세기에 걸쳐 유럽에서 일어난 사상의 흐름으로, 종교의 권위와 사상적 특권, 낡은 관습과 제도를 반대했고, 인간의 합리적 이성을 통해 인간 생활의 진보와 개선을 꾀하였다.

교화 敎化, 가르치고 이끌어서 좋은 방향으로 나아가게 하는 것.

미국 연방대법원 미 합중국의 최고 법원이자 헌법에 의해 특별히 창설된 유일한 법원. 연방 대법원이 내린 판결은 어느 법원에서도 상소하지 못한다.

벤치마킹 benchmarking, 닮고 싶고, 배우고 싶은 인물이나 사건 등을 연구해 자신에게 적용하는 것.

분배적 정의 고대 그리스 철학자 아리스토텔레스가 그의 저서 《니코마코스 윤리학》에서 제시한 정의의 개념. '어떤 것을 분배할 때 어떻게 하는 것이 공정한가.'와 관련된 정의.

불기소 처분 고소나 고발된 범죄 용의자에 대해 수사를 한 검사가 용의자를 재판정에 세우기 위한 공소를 제기하지 않는 결정.

선고 소송의 결과인 판결을 알리는 것.

심리 재판의 기초가 되는 사실 관계 및 법률 관계를 명확히 하기 위해 법원이 증거나 방법 따위를 심사하는 행위.

유스티니아 법전 동로마 제국의 황제였던 유
        스티니아누스 황제(483~565)가 트리보
        니아누스를 책임자로 삼아 편찬한 법전
        으로 로마법 대전으로도 불린다.

종신형 죄수가 사망할 때까지 무기한으로 교
        도소에 가두는 형벌.

청교도 16~17세기 영국 및 미국 뉴잉글랜
        드에서 칼뱅주의의 흐름을 이어받은
        프로테스탄트 개혁파. 엄격한 도덕, 주
        일(主日, 일요일)의 신성화와 엄수, 향
        락의 제한을 주창했다. 영국 국왕 제임
        스 1세와 찰스 1세 때 비국교도로서 심
        한 박해를 받고 네덜란드와 기타 지역
        으로 피해 갔다.

출소 죄수가 교도소에서 복역을 마치고 나오
      는 것.

칸트 합리론과 경험론으로 분열된 서양 근대
      철학을 종합한 18세기 독일의 철학자.

함무라비 고대 메소포타미아 바빌론 제1 왕
        조의 제6대 왕(재위 B.C. 1792~B.C.
        1750).

항소 법원 판결에 불복하고 상급 법원에
      재판을 신청하는 것.

헤겔 관념론 철학을 완성시킨 독일의 철
      학자.

형기 형벌의 집행 기간.

연표

16세기 중엽	영국의 에드워드 6세가 런던의 브리드 웰 왕궁 시설을 개조해 고아나 떠돌이를 수 용하는 감화원을 설립했다.
1668년	일본에서 최초의 소년 범죄에 관한 규정인 근강령(近江令)이 제정되었다.
1758년	존 필딩(John Fielding)이 런던에 불량소년을 수용하는 소년원을 개원했다.
1777년	존 하워드(John Howard)가 저서 《The State of Prisons In England and Wales(영국와 웨일스의 교도소 실태)》를 통해 교도소와 수용 시설의 개량 운동을 주도해 정부가 관장하는 교정 시설에서 소년범을 1인 1실로 수용하는 방안을 강구했다.
1788년	영국자선협회가 창립되어 소년 보호 운동을 시작했다.
1791년	프랑스 형법전에서 형사상 성년을 만 16세 이상으로 하고, 만 16세 미만의 범죄자는 상당한 분별력을 가지고 범죄를 한 경우에만 유죄 판결을 받도록 하였다.
1825년	비행청소년개선협의회(The Society for reformation of Juvenile Delinquents)에 의해 뉴욕시 양육원이 설립되었다.

1841년	미국 보스턴의 존 오거스트가 알코올 중독자를 법원으로부터 인도받아 보호 및 치료를 시작해 훗날 보호 관찰 제도의 효시가 되었다.
1847년	영국에서 소년범죄법(The Juvenile Offender Act)이 제정되어 만 14세 미만 절도자에게 즉결 심판이 행해졌다.
1869년	미국 매사추세츠주에서 최초로 보호 관찰 제도를 입법화하였다.
1879년	즉결 심판법(The Summary Jurisdiction Act)이 제정되어 성인범과 소년범의 사법 절차가 분리되었고, 만 16세 미만 소년범에게도 즉결 심판이 적용되었다.
1899년	미국 일리노이주에서 소년재판소법이 입법화되었다. 이후 미국 각 주에서 국친사상에 근거한 소년법원이 설치되어 소년범과 성인범이 분리되고, 보호 관찰 제도 등이 도입되었다.
1908년	영국에서 범죄방지법(Prevention of Crime Act)이 제정되어 소년범을 위한 소년원 제도가 마련되었다.
1922년	일본에서 구소년법과 교정원법이 제정되었다.
1923년	식민지 지배를 받던 조선에서 감화원령이 제정되었고, 같은 해 12월 함경남도 함흥에 영흥 감화원이 설립되었다.

1938년	미국에서 연방비행소년법(The Federal Juvenile Delinquency Act)이 제정되었다.
1942년	조선에서 소년령이 제정, 공포되었다. 당시 소년령은 일본의 대청소년법을 기초로 작성된 것이어서 소년 보호 사건을 조선 총독부의 소년 심판소에서 관할하였다.
1958년	한국에서 최초의 소년법이 공포되었다. 이 법은 일본의 신소년법을 참조하여 제정된 것이었다.
1959년	국제연합 제14차 총회에서 아동의 권리선언을 만장일치로 채택하였다.
1989년	유엔 아동권리협약이 제정되었다.
2012년	미국 연방대법원은 살인죄가 확정된 청소년에게 가석방이 허용되지 않는 종신형은 위헌이라고 결정하였다.

더 알아보기

관련 기관

국제연합(United Nations, UN)

제2차 세계대전 후에 항구적인 국제 평화와 안전 보장을 목적으로 결성된, 현재 유일한 범세계적인 국제 기관이다. 한국은 1991년에 가입해 활동하고 있으며, 2007년 1월에는 한국인으로서는 최초로 반기문이 국제연합 사무총장에 취임하기도 했다. 국제연합은 주로 평화 유지와 전쟁 예방을 위한 활동을 한다. 제1, 2차 세계대전과 같은 대규모의 전쟁을 사전에 예방하고, 지구촌 곳곳에서 벌어지는 분쟁을 조정하기 위해 평화 유지군이라는 군대를 파견한다. 그 밖에도 빈곤 국가나 자연 재해 등으로 어려움을 겪는 국가를 돕고, 어떤 국가에서 인권이 침해받고 있는지 조사해서 인권을 보호하기 위해 노력하고 있다.

검찰

범죄의 수사, 증거의 수집, 공소의 제기유지, 법원에 대한 법령의 정당한 적용 청구, 재판의 집행 지휘감독, 기타 이에 수반하는 검찰 행정 사무 등을 처리하는 국가 행정 작용 또는 그 기구를 말한다. 검찰의 직무를 총칭하여 검찰 사무라 하고, 검찰 사무를 담당, 집행하는 공무원을 검사(檢事)라 하며, 검찰 사무를 통괄하는 기관(관서)을 검찰청이라 한다. 검찰청은 법무부에 속한다. 검찰청은 대검찰청, 고등검찰청, 지방검찰청이 있고, 각각 사법부인 대법원, 고등법원, 지방법원에 대응하여 설치되고 있다.

가정법원

가사소송법이 규정한 가정에 관한 사건과, 소년법이 규정한 소년에 관한 사건 등을
관장하는 법원으로 지방법원과 동격의 법원이다. 현재 우리나라에는 서울을 포함해
부산, 인천 등 특별시와 광역시에 설치되어 있다.

지방법원

일반적으로 제1심 법원으로 일정한 범위에서는 제2심 법원의 기능도 수행한다. 지방
법원에는 민사부와 형사부가 있으며, 사무의 일부를 처리하게 하기 위하여 지원(支
院), 소년부지원, 순회심판소(巡廻審判所), 등기소를 둘 수 있다. 지방법원장과 지원
및 소년부지원의 지원장은 판사로 임명한다. 현재 서울특별시에 민사지방법원, 형사
지방법원이 있고, 각 광역시와 도청 소재지에 한 개씩 도합 14개가 설치되어 있다.

관련 법률

국제연합 아동권리선언

아동은 특별히 보호받아야 하고, 자유와 존엄성이 보장되는 조건 속에서 건전하고
정상적인 방식으로 신체적, 정서적, 윤리적, 정신적, 사회적 측면에서 성장할 수 있도
록 법률을 포함한 모든 수단에 의해 모든 기회와 편의가 모든 아동에게 제공되어야
한다. 이러한 목적으로 법률을 제정하는 경우, 아동의 이익이 최대한 보장될 수 있는
지 가장 우선적으로 고려해야 한다(원칙 2).

국제연합 아동권리협약

아동이라 함은 해당 아동 법규에 의하여 미리 성년에 달하지 아니하는 한, 18세 미만

의 모든 사람을 의미한다(1조).

공공 또는 민간 사회복지 기관, 법원, 행정 당국, 또는 입법 기관 등에 의하여 실시되는 아동에 관한 모든 활동에 있어서 아동의 최상의 이익이 최우선적으로 고려되어야 한다(3조 1항).

어떠한 아동도 고문 또는 기타 잔혹하거나 비인간적이거나 굴욕적인 대우나 처벌을 받지 아니한다. 18세 미만의 아동이 범한 범죄에 대하여 사형 또는 석방의 가능성이 없는 종신형을 부과해서도 안 된다. 어떠한 아동도 불법적 또는 전횡적으로 자유를 박탈당하지 아니한다. 아동의 체포, 억류 또는 구금은 법률에 따라 행해야 하며, 오직 최후의 수단으로서 또한 적절한 최단 기간 동안만 사용되어야 한다(37조).

범죄 혐의를 받은 어린이는 변호사의 도움과 신속하고 공정한 재판을 받아야 한다. 어린이에게 증언이나 자백을 강요해서는 안 되며, 재판 과정에서 사생활을 보호해야 한다. 사법부는 어린이에게는 형벌보다는 상담이나 보호, 직업 훈련 등의 처분을 하도록 노력해야 한다(40조).

형법

14세 되지 아니한 자의 행위는 벌하지 아니한다(9조).

범죄 수사 규칙

경찰서장은 촉법소년과 우범소년에 해당하는 소년 사건에 대해서는 관할 가정법원 소년부 또는 지방법원 소년부에 직접 송치하여야 한다(214조 2항).

참고문헌

도서

《소년법》 사와노보리 토시오

《법은 얼마나 정의로운가》 폴커 키츠

《패러독스 범죄학》 이창무

논문 및 보고서

《각국의 소년원제도에 관한 연구》 정재준

《미국 소년 사법의 구조적 변화, 각국의 회복적 소년사법 정책동향》 양건수

《미국의 소년사법 제도에 대한 연구》 권용석

《소년법 적용을 둘러싼 역사와 현황》 강지영

《한국소년법의 역사적 발전과정 및 현행법의 문제점과 개선방안》 원혜욱

《현대 형사정책에서 엄벌주의(Punitivism)의 등장》 김일수

《형법상 형사미성년자 연령 설정과 소년법상 소년보호처분제도와의 관계》 김성돈

《형사사법절차에서의 범죄피해자 지위강화를 통한 범죄피해자 참여 실질화 방안》

도중진, 박광섭

《21세기 소년사법 개혁과 회복적 사법의 가치》 김은경

찾아보기

내인생의책은 한 권의 책을 만들 때마다
우리 아이들이 나중에 자라 이 책이 '내 인생의 책'이라고 말할 수 있는 책을 만들고자 합니다.

세상에 대하여 우리가 더 잘 알아야 할 교양
56 소년법 폐지해야 할까?

김성호 지음

초판 발행일 2018년 4월 5일 | 3쇄 발행일 2021년 10월 15일
펴낸이 조기룡 | 펴낸곳 내인생의책 | 등록번호 제10-2315호
주소 서울특별시 서초구 강남대로373 홍우빌딩 16층 114호
전화 (02) 335-0449, 335-0445(편집) | 팩스 (02) 6499-1165

ISBN 979-11-5723-376-2 (44300)
      978-89-97980-77-2 (세트)

책값은 뒤표지에 있습니다. 잘못된 책은 구입처에서 바꾸어 드립니다.

이 도서의 국립중앙도서관 출판시도서목록(CIP)은 e-CIP 홈페이지(http://www.ml.go.kr/ecip)에서 이용하실 수 있습니다.
(CIP제어번호 : 2018009388)

내인생의책에서는 참신한 발상, 따뜻한 시선을 가진 원고를 기다리고 있습니다.
원고는 내인생의책 전자우편이나 홈페이지를 이용해 보내 주세요. 여러분의 소중한 경험과 지식을 나누세요.

전자우편 bookinmylife@naver.com | **홈페이지** http://bookinmylife.com

어린이제품 안전 특별법에 의한 제품 표시
제조자명 내인생의책 | **제조 연월** 2021년 10월 | **제조국** 대한민국 | **사용연령** 5세 이상 어린이 제품
주소 및 연락처 서울특별시 서초구 강남대로373 홍우빌딩 16층 114호 | **담당 편집자** 정민규

세더잘 51
동물원 좋은 동물원은 있을까?
전채은 지음

동물원은 동물을 위한 곳이다. 부작용은 받아들여야 한다.
Vs. 현재의 동물원은 인간의 이득을 위한 기관으로 변질되어 있다.

동물이 행복하지 못한데 그들을 바라보는 인간이 온전한 행복을 누릴 수 있을까? 동물원은 사람만의 공간이 아니다. 동물 종 보전과 동물 복지를 추구하는 기관이기도 하다. 과연 진정한 의미에서 '좋은 동물원'이란 무엇일까?

세더잘 50
젠트리피케이션 무엇이 문제일까?
정원오 지음

저소득층에도 삶을 개선할 경제적 기회를 부여하며, 도시가 활성화된다.
Vs. 도시에 대한 권리 침해이며, 지역의 경제 및 문화 생태계를 파괴한다.

젠트리피케이션은 지역 경제를 좀먹고 삶의 질을 해친다고들 한다. 반면 소득 재분배에 긍정적인 효과를 주며 경제 활성화를 유도한다는 주장도 있다. 시대의 변화에 따라 변화를 보는 관점은 다양할 수밖에 없다. 우리는 우리가 사는 도시를 어떻게 바라봐야 할까?

세더잘 49
아프리카 원조 어떻게 해야 지속가능해 질까?
위문숙 지음

아프리카 원조는 아프리카를 위한 것이다.
Vs. 현재의 원조는 강대국의 배만 불릴 뿐이다.

어려움에 처한 아프리카를 도와야 하는 것은 당연한 일입니다. 하지만 그 방법이 오히려 강대국의 부만 늘려주고 있다면 어떨까요? 천문학적인 금액이 투입되어도 3,000원의 치료제가 없어 죽어가는 아이들이 생기는 건 어째서일까요?

세더잘 48
인플레이션 양적 완화가 우리를 살릴까?
홍준희 지음

인플레이션 10% Vs. 세금 10%
어느 쪽이 우리에게 더 유리할까요?

돈을 더 찍어서 시중에 푸는 정책과 세금을 더 거두어들이는 정책. 사람들은 당연히 첫 번째 정책을 선택합니다. 하지만 돈을 더 찍어내면 그만큼 물가가 올라 거둘 수 있는 세금 역시 늘어나고 말지요. 그렇다면 세금을 더 거두는 정책이 좋은 정책일까요? 이 책은 양적 완화와 인플레이션을 중심으로 우리 경제에 관해 알고 있던 상식을 다시 한 번 생각해 보게 합니다.